文房四宝

纸笔墨砚及文化内涵

肖东发 主编　陈秀伶 编著

中国出版集团

现代出版社

图书在版编目（CIP）数据

文房四宝 / 陈秀伶编著. — 北京：现代出版社，
2014.10（2021.7重印）
　　（中华精神家园书系）
　　ISBN 978-7-5143-3001-4

　　Ⅰ. ①文… Ⅱ. ①陈… Ⅲ. ①文化用品－介绍－中国
Ⅳ. ①K875.4

　　中国版本图书馆CIP数据核字（2014）第236673号

文房四宝：纸笔墨砚及文化内涵

主　　编：肖东发
作　　者：陈秀伶
责任编辑：王敬一
出版发行：现代出版社
通信地址：北京市定安门外安华里504号
邮政编码：100011
电　　话：010-64267325 64245264（传真）
网　　址：www.1980xd.com
电子邮箱：xiandai@cnpitc.com.cn
印　　刷：三河市嵩川印刷有限公司
开　　本：710mm×1000mm　1/16
印　　张：11
版　　次：2015年4月第1版　　2021年7月第3次印刷
书　　号：ISBN 978-7-5143-3001-4
定　　价：40.00元

党的十八大报告指出："文化是民族的血脉，是人民的精神家园。全面建成小康社会，实现中华民族伟大复兴，必须推动社会主义文化大发展大繁荣，兴起社会主义文化建设新高潮，提高国家文化软实力，发挥文化引领风尚、教育人民、服务社会、推动发展的作用。"

我国经过改革开放的历程，推进了民族振兴、国家富强、人民幸福的中国梦，推进了伟大复兴的历史进程。文化是立国之根，实现中国梦也是我国文化实现伟大复兴的过程，并最终体现为文化的发展繁荣。习近平指出，博大精深的中国优秀传统文化是我们在世界文化激荡中站稳脚跟的根基。中华文化源远流长，积淀着中华民族最深层的精神追求，代表着中华民族独特的精神标识，为中华民族生生不息、发展壮大提供了丰厚滋养。我们要认识中华文化的独特创造、价值理念、鲜明特色，增强文化自信和价值自信。

如今，我们正处在改革开放攻坚和经济发展的转型时期，面对世界各国形形色色的文化现象，面对各种眼花缭乱的现代传媒，我们要坚持文化自信，古为今用、洋为中用、推陈出新，有鉴别地加以对待，有扬弃地予以继承，传承和升华中华优秀传统文化，发展中国特色社会主义文化，增强国家文化软实力。

浩浩历史长河，熊熊文明薪火，中华文化源远流长，滚滚黄河、滔滔长江，是最直接的源头，这两大文化浪涛经过千百年冲刷洗礼和不断交流、融合以及沉淀，最终形成了求同存异、兼收并蓄的辉煌灿烂的中华文明，也是世界上唯一绵延不绝而从没中断的古老文化，并始终充满了生机与活力。

中华文化曾是东方文化摇篮，也是推动世界文明不断前行的动力之一。早在500年前，中华文化的四大发明催生了欧洲文艺复兴运动和地理大发现。中国四大发明先后传到西方，对于促进西方工业社会的形成和发展，曾起到了重要作用。

　　中华文化的力量，已经深深熔铸到我们的生命力、创造力和凝聚力中，是我们民族的基因。中华民族的精神，也已深深植根于绵延数千年的优秀文化传统之中，是我们的精神家园。

　　总之，中华文化博大精深，是中国各族人民五千年来创造、传承下来的物质文明和精神文明的总和，其内容包罗万象，浩若星汉，具有很强的文化纵深，蕴含丰富宝藏。我们要实现中华文化伟大复兴，首先要站在传统文化前沿，薪火相传，一脉相承，弘扬和发展五千年来优秀的、光明的、先进的、科学的、文明的和自豪的文化现象，融合古今中外一切文化精华，构建具有中国特色的现代民族文化，向世界和未来展示中华民族的文化力量、文化价值、文化形态与文化风采。

　　为此，在有关专家指导下，我们收集整理了大量古今资料和最新研究成果，特别编撰了本套大型书系。主要包括独具特色的语言文字、浩如烟海的文化典籍、名扬世界的科技工艺、异彩纷呈的文学艺术、充满智慧的中国哲学、完备而深刻的伦理道德、古风古韵的建筑遗存、深具内涵的自然名胜、悠久传承的历史文明，还有各具特色又相互交融的地域文化和民族文化等，充分显示了中华民族的厚重文化底蕴和强大民族凝聚力，具有极强的系统性、广博性和规模性。

　　本套书系的特点是全景展现，纵横捭阖，内容采取讲故事的方式进行叙述，语言通俗，明白晓畅，图文并茂，形象直观，古风古韵，格调高雅，具有很强的可读性、欣赏性、知识性和延伸性，能够让广大读者全面接触和感受中国文化的丰富内涵，增强中华儿女民族自尊心和文化自豪感，并能很好继承和弘扬中国文化，创造未来中国特色的先进民族文化。

　　　　　　　　　　　　　　　　　　　　　　　　　　　青春岁

　　　　　　　　　　　　　　　　　　　　　　　　2014年4月18日

一纸千金——纸　张

名砚奇珍——砚　台

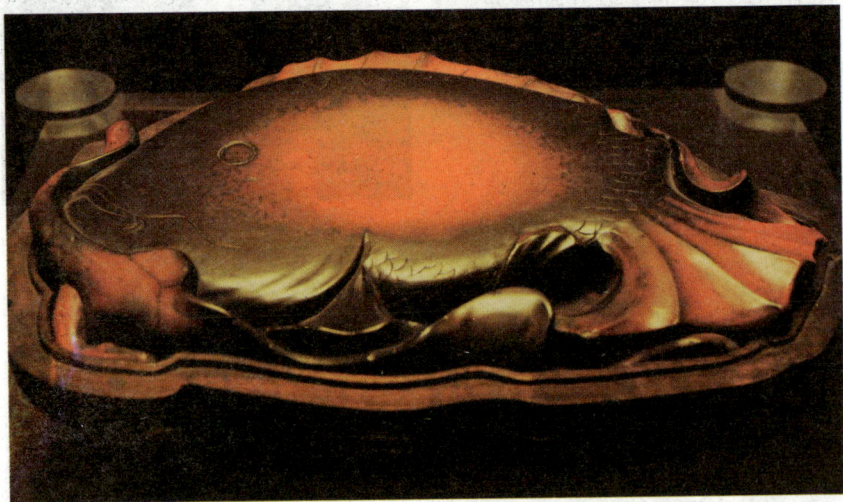

笔是"文房四宝"之首，特指我国传统的毛笔。我国毛笔历史悠久，在形成过程中，无论从名称还是从制作使用，都有大量的经验积累。它不但是古人必备的文房用具，在表达中华书法、绘画的特殊韵味上也具有与众不同的魅力。

　　毛笔在我国古代是主流的书写工具，是我国传统文化的重要组成部分，具有深刻的历史内涵和文化内涵。作为东方文明的传承工具，其本身就是悠久深邃的文明的象征，具有巨大的影响力，并在我国乃至海外各地长盛不衰。

挥毫天下

毛笔

毛笔发明与早期发展

那是在我国秦王朝建立的前夕，秦军统一六国的战争已接近尾声。公元前223年，秦国大将蒙恬奉命挥师南下，兵伐楚地中山，平息那里的叛乱。

在进军途中，蒙恬路经自己的家乡项城，便在项城一带驻扎下来，稍作休整，同时进一步了解楚地的情况。蒙恬带兵在外作战，需要定期写战报呈送秦王嬴政，以便让秦王能及时了解战场上的情况。

■ 蒙恬 姬姓，蒙氏，名恬，秦代著名将领。他出身于一个世代名将之家，其祖父蒙骜、父亲蒙武均为秦国名将，他深受家庭环境的熏陶，自幼胸怀大志。据传蒙恬曾改良过毛笔，他是我国西北最早的开发者，也是古代开发宁夏第一人。

蒙恬军中有个叫刘寅的人，他的职务是军中文书，负责记载军中事迹，传达命令，帮助主将蒙恬处理军务。由于当时还没有使用纸和毛笔，书写文字是用硬笔，也就是用"字刀"将文字刻写在竹简上的，既费时又费力。

蒙恬虽是个武将，却有着满肚子的文采。他看到刘寅整天辛苦疲惫，很是心疼，便想制作一种书写文字的新工具。

一天，一只野兔跑进军营附近的一个石灰池里淹死了。蒙恬巡察到此，他看到石灰池里的野兔，突发奇想：何不用兔子的尾巴书写文字？

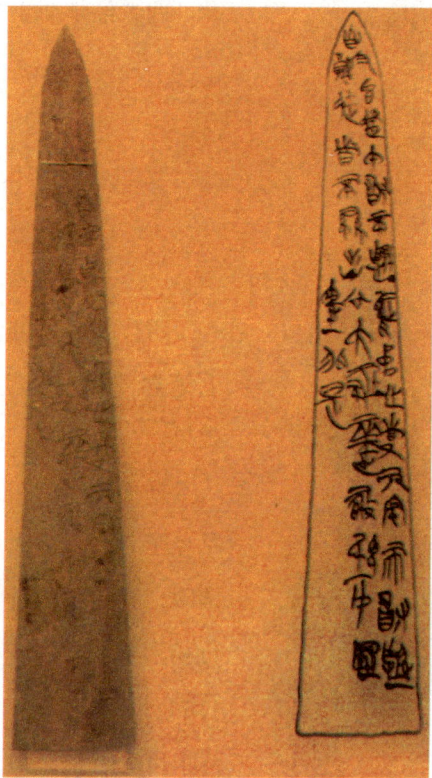

■ 秦代刻字玉圭

于是，蒙恬让刘寅将兔子的尾巴割下来，试着在竹简上写字。刘寅写着写着，他觉得既顺手又轻松，这比用"字刀"刻写文字方便多了。

在随后的日子里，蒙恬不断对笔进行改进。他用动物毛发和麻共同浸泡于石灰水中，然后用丝绳缠绕扎紧，将竹管的一端镂空，将笔头插入竹管之上使用，书写更加流畅。

从此以后，文书刘寅就开始用这种笔书写文字了，渐渐这种笔开始在全国流行，最终形成了毛笔。

除了这个传说，对于蒙恬造笔，古书中也有记

秦王嬴政（前259年—前210年），嬴姓赵氏，故又称赵政，秦庄襄王之子，生于赵国首都邯郸。我国历史上著名的政治家、战略家、改革家，首位完成我国统一的皇帝，13岁即王位，39岁称皇帝，在位37年。

文房四宝

纸笔墨砚及文化内涵

《连山》 我国古代的占卜书之一，与《归藏》《周易》合称"三易"，"三易"是用"卦"的形式来说明宇宙间万事万物循环变化的道理的书籍。历代学者对《连山》名称的由来，或信或疑、或是或否，聚讼纷纭，了无定谳。其确切之论有待考证。

■ 古代甲骨文

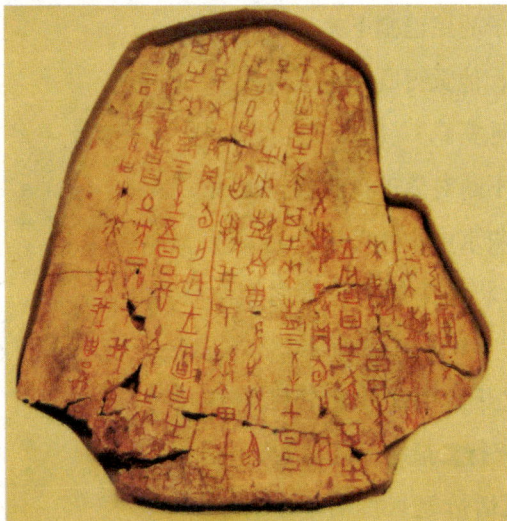

载。西晋经学博士崔豹在《古今注》中说：

> 自蒙恬始造，即秦笔耳。以枯木为管，鹿毛为柱，羊毛为被。所谓苍毫，非兔毫竹管也。

唐代文学家韩愈的《毛颖传》，用拟人的手法为毛笔立传，考证毛笔的先祖，使整个故事具有滑稽效果。

据《毛颖传》的描述，毛颖是中山人，他的先人是兔子，曾辅佐大禹治水，去世后成神。蒙恬兵伐楚国时，在中山附近的项城停留，准备举行大型的狩猎行动来威吓楚国，就召集部下，用《连山》占卜这次行动，预测天时、地利、人和。

占卜者恭贺道："这次要捕获的动物，可以取它的毛，用来做写书册的东西，以后天下都用这种东西来书写文字。"于是，蒙恬开始狩猎，围捕了毛颖一族，拔下它们的毛。

后来，蒙恬将毛颖带回来献给秦始皇。秦始皇让蒙恬将毛颖放入池中沐浴，并赐毛颖封地于管城，又赐名字叫管城子。

毛颖具有非凡的记忆力，从大禹时起直到秦

始皇时，凡阴阳、占卜、相术、医疗、方术、民族姓氏，以及诸子百家的书全能详细地记下。因此，后世就以"毛颖""管城子"为笔的代称。

其实，我国"文房四宝"中的毛笔起源很早，可上溯到6000多年前的新石器时期。从我国民族考古学调查材料得知，我国先民最初削尖竹木作为书画工具。

从考古发掘来看，先秦早期的毛笔是将兔毛等兽毛缠在竹竿上而成，形制尚较简单粗糙。随着生产力的进步和书写工具的发展，毛笔制作也在不断改进和完善。

后来有的地方甚至还保持着使用竹笔的习俗，也就是将竹管削成三角形的竹笔，一端削成坡面，一端削为单刃成笔头，蘸墨书写。用这种竹笔书写，挺健有余但柔软不足，无疑会影响到书写以及绘画的生动

■ 秦代竹简

先秦 我国历史学名词。指秦王朝以前的历史时代，起自远古人类产生时期，至公元前221年，秦始皇灭六国为止。其间经历了夏、商、西周，以及春秋、战国等历史阶段。有着长达1800多年的历史。其中夏商时期的甲骨文，殷商的青铜器，都是人类文明的历史标志。

流畅。

还有，人们在陕西临潼姜寨遗址发掘先秦墓葬时，出土的文物中包括凹形石砚、研杵、染色物等工具和陶制水杯等一些彩绘陶器。这些彩绘陶器上所绘图案流畅清晰，装饰花纹粗细得体，这并不是竹木削成的笔所能做到的。因此，人们推断，这时可能已经出现毛笔的雏形了。

另外，商代甲骨文中已经出现了"笔"的象形文字，形似一个人正在用手握笔的样子。商代陶片与甲骨上保留着用墨书写的卜辞，河南安阳殷墟出土的陶片上有一个"祀"字，笔锋清晰，粗细轻重得体，而只有用富有弹性的毛笔，才能达到这样的艺术效果。

后来，人们在河南地区出土一件朱笔书写的陶器和刻有文字的甲骨片，笔迹清晰流畅，挥洒婉转自如，粗细轻重得体，也是用毛笔书写出来的。

诸多考古发现表明，中华民族在长期的生活过程中，依照自己的方式认识自然，把握规律，逐渐养成了与自然相互协调的观念，并进而形成阴阳、刚柔等易学思想。在这种观念和思想养成的过程中，人们选择了软质的毛笔作为书写工具。

文房四宝

纸笔墨砚及文化内涵

■ 战国帛画

战国时代是毛笔的发展期。战国时期帛画《龙凤仕女图》和《人物驭龙图》，画中线条有扁有圆，粗细变化自然，显然为毛笔所画。

从文物出土分布地区看，到了战国时，毛笔在华夏区域已被广泛应用于书写文字和绘画。当时毛笔样式仍较原始，但制作已很精良。

后来，考古专家从长沙郊外的左家公山新挖掘的15号战国楚墓中出土了一套完整的书写工具，有铜削、竹片、小竹筒。竹片相当于后来的纸，铜削用来刮削竹片，小竹筒应是用来存放墨、颜料等物。而令人惊讶的竟然有一支保存完好的毛笔，因为这是先秦毛笔首次在世人面前揭开面纱。

这支笔出土时套在一支小竹管内，笔管长18.5厘米，口径0.4厘米，笔毛长2.5厘米。它选用的是上好的兔箭毫，笔毛包扎在笔杆外围，以麻丝缠紧，外面再涂漆粘牢。

笔杆系竹制，裹以麻丝，髹以漆汁，笔锋坚挺，是抄写竹木简牍的良好工具。这是目前我国发现的最早的实物，所以人们把它称为"最早的毛笔"。

还有，人们在河南信阳长台关的战国楚墓内，也发现了一支竹杆毛笔，造型和制法基本和左家公山出

■战国铜削

象形文字 来自于我国古代图画文字，但是图画性质减弱，象征性质增强，它是我国一种最原始的造字方法。它的局限性很大，因为有些实体事物和抽象事物是画不出来的。因此，以象形字为基础后，汉字发展成表意文字，增加了其他的造字方法。

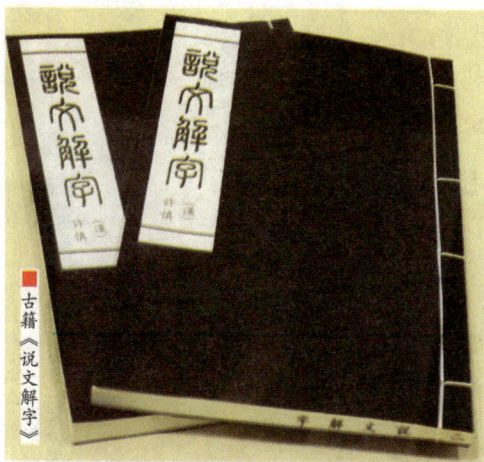
古籍《说文解字》

土的近似。

当时，毛笔尚无统一的名称。后来东汉著名文学家许慎在他所编著的《说文解字》中有"楚谓之聿，吴谓之不律，燕谓之拂"，以及"秦谓之笔，从聿从竹"的记载，这说明了先秦毛笔的别称很多，"战国七雄"对毛笔的称谓都不相同。

战国时期的文明进步和商品交换的发展，促使文字的应用日益频繁与广泛。先秦传统文字便沿着贵族化、平民化两极发展。贵族化字体工整，多见用于礼器铭文；平民化文字较为草率，大多见用于印玺、货币、陶器上的文字，呈现简易、速成的趋向。

贵族化的工整体文字，成为后来篆书的起源；平民化草书体文字，时称"草篆"或"古隶"，成为后来隶书的起源。

秦代是毛笔工艺发展的开端，这一时期确定了毛笔的基本形制，为后世毛笔制作奠定了基础，拉开了中华民族书写历史的新篇章。

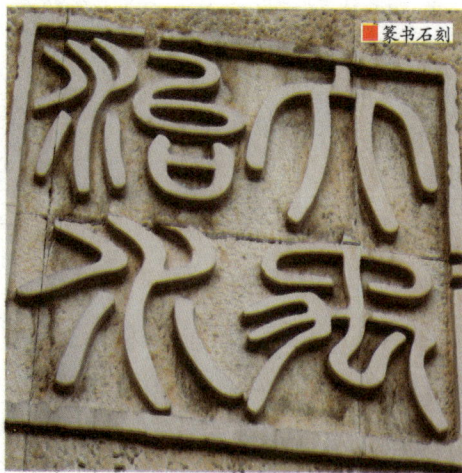
篆书石刻

秦代毛笔最大的特点是"以竹为管"，是由秦将蒙恬所创，然后由其部下随从传承下来，逐步推广到全国。

"蒙恬笔"即为秦笔。在春秋战国时期，书写工具

尚无统一的名称，直到秦代，
"笔"才正式成为书写工具的
称谓。由此可知，笔的叫法自
秦代以后才开始统一。

蒙恬的文书刘寅和秦代文
字学家程邈相交甚厚。程邈
获罪入狱，他殚精竭虑，以10
年之功创隶书3000多字。秦统
一六国后，实行"车同轨，书
同文"，统一度量衡，并且把原秦国使用的小篆这种
文字，作为全国统一的文字。

程邈又在小篆的基础上，创立了隶书。隶书比小
篆更为先进。后来，隶书取代了小篆，秦隶便普及了
全国。

鉴于程邈的贡献，丞相李斯奏请秦始皇赦免程
邈，让其用隶书写史，刘寅便以"蒙恬笔"赠给程
邈。于是，"蒙恬笔"便在当时朝野得到传播和光
大，逐渐流向民间，成为大众化书写工具。

公元前210年，秦始皇在东巡的途中病故于沙
丘，小儿子胡亥继承皇位，他就是秦二世。由于当时
的政治环境，刘寅被迫解甲归田，他把"蒙恬笔"的

程邈 秦代书法
家。字元岑，东
海郡下邳，即
现在的江苏邳州
人。相传他首先
将篆书改革为
隶书。蔡邕称
其"删古立隶
文"，对我国古
代书法的发展有
重大影响。隶书
是我国古代文字
发展的分水岭，
为行书、楷书、
草书等的发展奠
定了基础。

制作工艺传给了刘氏子孙。

秦代是毛笔书法继承与创新的变革时期。李斯主持整理出了小篆,《绎山石刻》《泰山石刻》《琅玡石刻》《会稽石刻》等都是李斯所书。对这些石刻,历代文人墨客都有极高的评价。许慎在《说文解字·序》中说:

> 秦书有八体,一曰大篆,二曰小篆,三曰刻符,四曰虫书,五曰摹印,六曰署书,七曰书,八曰隶书。

这段话基本概括了秦代字体的面貌。由于李斯的小篆,篆法苛刻,书写不便,工具也较为烦琐复杂,于是使用毛笔的隶书便出现了。

隶书书写起来比较方便。到了西汉,隶书完成了由篆书到隶书的蜕变,结体由纵势变成了横势,线条波磔更加明显,这对毛笔的普及和发展也有很大影响。

隶书的出现是汉字书写的一大进步,是书法史上的一次革命,不但使汉字趋于方正楷模,而且在毛笔笔法上也突破了单一

小篆 秦始皇统一六国后,推行"书同文,车同轨",统一度量衡的政策,由宰相李斯负责,在秦国原来使用的大篆籀文的基础上,进行简化,取消其他六国的异体字,创制的统一文字汉字书写形式即为小篆。一直在我国流行到西汉末年,才逐渐被隶书所取代。但由于其字体优美,始终被书法家所青睐。

■秦砖篆字

的中锋运笔，为以后各种书体流派奠定了基础。

秦代毛笔书法除以上书法杰作外，尚有诏版、权量、瓦当、货币等文字，风格各异。秦代书法，在我国书法史上留下了辉煌灿烂的一页，气魄宏大，有开创先河之功，而秦代蒙恬发明并改进毛笔，更是书写了我国毛笔史上开天辟地的光辉一页。

隶书文字

阅读链接

秦代蒙恬发明了毛笔，而刘寅便是我国第一个使用毛笔写字的人。刘寅的后人为了纪念刘寅，便精制了一种毛笔，名为汝阳刘毛笔，是河南传统的手工制笔技艺。

汝阳刘毛笔已有2000多年的历史，有名讳的制笔工艺传承人不胜枚举。汝阳刘村素有"毛笔之乡""妙笔之乡"的美誉。"汝阳刘"毛笔选料考究，仅兔毫的选择标准是秋毫取健，取尖，春夏毫则不要；狼毫的选择就须要到东北去采集过冬的黄鼠狼尾毛来制作。

汉代毛笔发展与别称

在汉代时，毛笔进入了一个新的发展阶段。这一时期，开创了在笔杆上刻字、镶饰的装潢工艺，比如甘肃武威磨嘴子东汉两墓中各出土一支刻有"白马作"和"史虎作"的毛笔，都是当时毛笔技术进步的实物资料。

蔡邕画像

汉代时还出现了专论毛笔制作的著述，比如东汉著名文学家蔡邕所著的《笔赋》，这是我国制笔史上的第一部专著，对毛笔的选料、制作、功能等作了评述，结束了汉代以前无文字评述毛笔的历史。与此同时，汉代还出现了"簪白笔"等特殊形式。

后来，人们发现在甘肃武

■ 汉代造纸作坊

威市磨嘴子汉墓中出土的众多文物里，有一支毛笔，它属于国宝级文物，人称为"白马作"毛笔。

这支"白马作"毛笔杆直径0.6厘米，笔头长1.6厘米，通长23.5厘米，正好是汉制长度单位的一尺，与王充《论衡》所言"一尺之笔"的长度吻合。"白马作"笔杆竹制，中空，浅褐色，精细匀正。

"白马作"笔杆中下部阴刻篆体"白马作"3字，刀法工秀整齐，反映了当时"物勒工名"的手工业管理制度。"白马"是制作这支毛笔的工匠名。

"白马作"毛笔笔杆嵌笔头处略有收分，笔头外覆黄褐色软毛，笔芯及锋用紫黑色硬毛，刚柔并济，富有弹性，已经完全具备了古人对一支好笔所要求的"尖、齐、圆、健"4个条件，这也就是古人常说的"笔之四德"。这支毛笔很适合在简牍上书写，其制作方式与湖北云梦睡虎地出土的秦笔一样，杆前端中

蔡邕（133年—192年），字伯喈，东汉文学家、书法家。因官至左中郎将，故后人也称他为"蔡中郎"。后汉三国时期著名才女蔡文姬之父。蔡邕除通经史，善辞赋等文学外，书法精于篆、隶。擅长写文章和弹琴，他的著作很多，对后来文学和音乐都有较大影响。

出土的毛笔文物

空以纳笔头，外扎丝后髹漆以加固，整体笔形已经与后来的毛笔没有什么差别，同时这支毛笔对汉代阴刻艺术也有很大影响。

在汉代，官员们常将未蘸过墨，或用后洗净的毛笔尾端，横插入发中或冠上，以便随时取用，俗称"簪白笔"，所以杆顶端通常被削细便于簪插。同时，祭祀者也常在头上簪笔以表示恭敬。时间长了，这种习惯就变成一种风度。

文吏们的这种风习，战国时就已经存在。"白马作"毛笔出土时的位置，正好在墓主人头部左侧，这也表明入殓时笔就簪在头上，可以印证出汉代官员的"簪笔"习俗。

在汉代，著名发明家蔡伦改进纸张以后，当时制笔的方法，有的用兔毫和羊毛，有的再夹上人的头发。可见，汉代制笔是硬、软毫并用，也可谓是早期的兼毫毛笔了。

汉时，人们对于笔管质地、装饰也渐渐重视起来，有的人还以金银为饰，使毛笔更加美观。同时，汉代隶书渐趋于成熟，碑版大字隶书的兴盛，蔡伦改进造纸术及东汉造纸技术的发展，要求毛笔形制更

蔡伦（61年—121年），字敬仲，东汉桂阳郡（即现在的湖南桂阳）人。汉代著名发明家。我国古代"四大发明"中造纸术的改造者。他改造了造纸术，用树皮、鱼网和竹子压制成纸。造纸术的发明彻底改写了后世中国乃至世界的历史，也使蔡伦屹立于古今中外的杰出人物之列。

大，表现力更加丰富，这些都对汉代毛笔发展有很大影响。

此外，汉代出现了专门赞美毛笔的文章，汉代文学家蔡邕在他所写的《笔赋》中称赞毛笔道：

惟其翰之所生，生于季冬之狡兔。

据文献记载，朝廷月供有大笔。汉代古籍中记载："尚书令、仆丞郎，月给赤管大笔一双。"红管大笔具体多大不得而知。从出土的实物可知，汉代毛笔制作沿袭旧法，一种是将笔头装入空腔，另一种将笔杆头部劈分为数片夹住笔头。

人们在江苏东汉古墓中出土了一些毛笔，其中有一支毫长4.1厘米，竟有2厘米储入管内。将笔毛的一半纳入腔中，这正是汉笔大料制小笔的特点。一则由于技术的局限，因势利用紫毫的特点；再则为了增加锋尖的弹力，笔头短，锋颖自然比较突出，更富有弹性。

同样在这处汉墓中，还出土了一只带笔套的毛笔。笔套由长竹管做成，整笔能套入笔套之中，这支毛笔的制作应该说是很精细的，笔毫浸入水中毛能自然张开，上下左右轻轻旋转能自然张合一致，尖齐圆健，均属

东汉 从25年到220年，是我国历史上的一个大一统的朝代。汉光武帝刘秀建立。东汉又称后汉，乃为区别于西汉之前汉。东汉的首都洛阳被称为东京。东汉在文化、军事等方面亦有显著成就。蔡伦改进造纸术；张衡发明地动仪和浑天仪。佛教也在这段期间传入我国。

■ 制作完成的毛笔

■我国古代书写工具

葛洪 （281年—341年），字稚川，号抱朴子。丹阳句容人，晋朝时代医学家、博物学家和制药化学家，炼丹术家，著名的道教人士，他在我国哲学史、医药学史及科学史上有很高地位，著有《西京杂记》。

上乘。

两支笔管均为木质，上下同粗，其中居延笔天然木质本色不加任何修饰，自然纯真，光艳内含，手感舒适，久玩不腻，越用越光洁。

这种短而粗的形制一直影响到后来唐代，唐代著名的鸡距笔可谓此种形制的极致典型。物极必反，至唐末短而粗的形制渐渐发生了转变。

还有，汉朝的毛笔逐渐重视笔管的质地，还用金银镶饰。据东晋著名文学家葛洪在他所著的《西京杂记》中记载：

天子笔管以错宝为跗，毛皆以秋兔之毫，官师路扈为之。以杂宝为匣，厕以玉璧翠羽，皆直百金。

由此可见，汉代笔杆的造型和装饰日趋考究，已经远远超过了实用价值，毛笔也成了精致工艺品和身份象征。这种工艺化倾向对后代影响颇为深远，到后来达到登峰造极的地步。

在汉代，毛笔作为我国文人的最重要书画工具，一直受到文人们青睐，也许是出于对毛笔的珍爱，汉代的文人雅士还为毛笔起了一些别称和雅号。如毛颖、毛锥子、管城子、墨曹都统、中书君等。

毛颖中的颖，就是笔锋。后来唐代的大文豪韩愈作有《毛颖传》，把同类的兽毛聚集在一起并扎缚起来，秦始皇叫蒙恬洗干净，然后封在毛管里，所以叫管城子，或者管城侯。关于这个名称的由来，要追溯到秦代秦始皇封蒙恬于管城，并一直官拜中书，后人就称笔为中书君。

阅读链接

汉代，是我国文字发展的一个变革时期，隶书的成熟，草书的演变，都在这一时期。汉代文字特点促成了汉代毛笔需要"加力、流畅"，还需"耐用"。这一点，和当时的时代是吻合的。

章草，始于秦汉年间，由草写的隶书演变而成的标准草书。章草有一种解释为"快书"，即把母字写快。书写速度的加快，就需要"利器"，毛笔也需要"加油"，这就给毛笔的制作提出了一个更新的要求。汉代书写的变化，也改进了毛笔，并增加了笔法的变化。

魏晋南北朝时的毛笔

魏晋南北朝时期，是我国历史上继春秋战国之后的又一个乱世。在这个战火频仍、朝运短促的时代里，每一个王朝的君主以及觊觎王权的霸主们，都积极地谋求着管理好国家的人才和策略。

当时管理朝政最重要的甚至是唯一的方式就是档案文书，所以各个王朝都十分重视文书的处理保存，这也为毛笔在当时的发展提供了很好的条件。

这一时期，皇帝对掌管天下政事的尚书省、中书省职权的不断划分，还表现在他们对史书的重视上。正是鉴于文书的重要性，皇帝才不断地分化尚书、中书的职权，

古代精品毛笔

■ 古人练习书法雕像

使尚书省逐渐成为了一个办理机构，中书省内职权不断下移。这一时期所编辑的史书、起居注的数量之多，在我国历史上是少见的。

魏晋时期，是我国书法史上各种书体交相发展的时期。汉末，经历60余年的三国鼎立之后，西晋始立，而作为社会文化之一种的书法艺术，又出现了一次高峰。

我国书法艺术到魏晋时期，是一个空前的丰收季节，在当时，篆、隶、草、行、楷诸体齐备，各立门户。隶书已经走到东汉末年程式化的末路，楷书趋向成熟。

这时已经不再时行簪笔之风，笔杆逐渐变短。曹魏的学者韦诞很有文才，善辞章，并以制笔和墨闻名当时，他所制之笔，人称韦诞笔，还著有《笔经》一卷留世。

魏晋 指东汉政权瓦解，三国到两晋时期，也就是220年到420年，是通常所说的魏晋南北朝时期这段历史的前一阶段。"魏"指的是三国里的曹魏，"晋"主要指的是司马氏所建的西晋与东晋。此时北方是"五胡十六国"时期。

邯郸淳 （约132年—221年），字子淑，三国时期魏国书法家，文学家。他自小就很有才华，博学多艺，善写文章，在当时远近闻名。他的著作有《笑林》三卷和《艺经》一卷，因为《笑林》的风趣幽默，他又被人们称为"笑林始祖"，他在我国书法史和文学史上都占有很重要的位置。

■ 王羲之提笔铜像

魏晋著名文学家贾思勰在他所著的《齐民要术》中详细介绍了韦诞的制笔方法：

先次以铁梳兔毫及羊青毛，去其秒毛，皆用梳掌痛拍整齐，毫锋端本各作扁极，令均调平，将衣羊青毛，缩羊青毛去兔毫头下二分许，然后合扁卷令极圆，讫痛颉之。

以所整羊毛中为笔柱，复用毫青衣羊毛使中心齐，亦使平均，育颉管中宁随毛长者使深，宁小不大，笔之大要也。

从上述记载中可以看出韦诞的制笔方法，同时也反映出三国魏晋时制笔的过程和特色。关于韦诞，民间还流传着一些逸闻。

韦诞是曹魏时期京都地区人，太仆的儿子，为官任到侍中。韦诞师从张芝，兼学邯郸淳的书法。他能书各种书法，尤其精通题署匾额。

魏明帝时筑成一座凌云台，诏令韦诞题台名。韦诞在写的时候，有一点写得上下的位置不得当，魏明帝将韦诞用

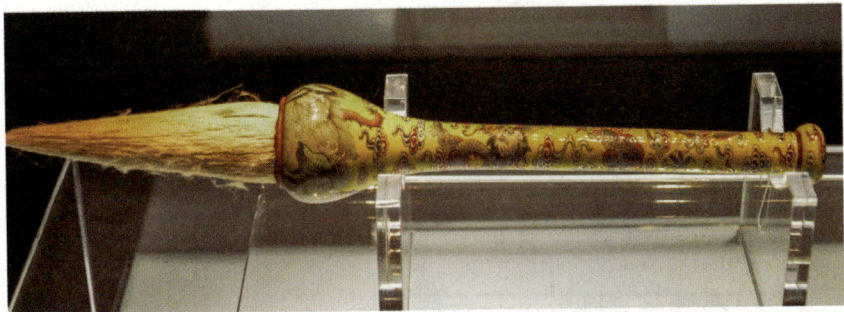

粗绳系身吊到台上悬放匾额的地方，就地点正。

　　韦诞感到很危险，恐惧异常。这件事过后，他便告诫子孙，再不要习练大字楷法。韦诞书写隶书、章草、飞白笔法精妙，也能书小篆。他的哥哥韦康也工习书法，他的儿子韦熊也擅长书法。当时人们说："一名书法家的儿子，不会有第二种事业的。"可见，世人都赞美韦诞父子。

　　东晋大书法家王羲之也熟知制笔方法，还著有《笔经》，他在书中认为，做笔须用秋兔毫，因为秋兔肥，毫长而锐，只有这样的毛，才能制成好笔。由此可见，当时毫毛的选采已经极为讲究，这为后世积累了丰富经验。

　　东晋时，安徽宣城出产一种紫毫笔，是以紫毫兔毛为原料精制而成，笔锋坚挺耐用，闻名于世。这种精工制作的毛笔，既是当时汉字笔画变形及绘画技法发展的需要，同时又对书画笔法的发展起到了一定的促进作用。

　　东晋末年还出现了胎毛笔，据后来的唐代著名志怪小说家段成式在他所著的《酉阳杂俎》中记载，南朝梁史学家、文学家萧子云用的毛笔，笔芯经常用胎

王羲之（303年—361年，一作321年—379年，又作307年—365年），字逸少，东晋时期著名书法家，有"书圣"之称，其风格平和自然，笔势委婉含蓄，遒美健秀。代表作《兰亭序》被誉为"天下第一行书"。在书法史上，他与其子王献之合称为"二王"。

■ 魏晋时期文字瓦当

发。由此可见，古代胎毛笔问世不应晚于六朝时期。

魏晋南北朝时期，草书经章草阶段发展成今草，行书在隶楷递变过程中从产生经过发展到成熟，涌现出了众多著名书法家，产生了许多重要的书法理论著作，成为我国书法史上光辉灿烂的时代。这些书法上的进步，对毛笔发展也有很大影响。

总之，魏晋南北朝时期，无论是尚书省、中书省记录档案，还是书法家表现的书法艺术，都使得笔的使用量增多，从而促进了制笔业的进一步发展。

文房四宝

纸笔墨砚及文化内涵

阅读链接

据说，我国汉末及魏晋时期最金贵的毛笔是鼠须笔，是指由两种材料制成的。一是以老鼠胡须制作的毛笔。《辞源》中"鼠须笔"条："用老鼠胡须做成的毛笔"。二是即以松鼠之胡须制作的笔。明代李时珍《本草纲目》中载："世所谓鼠须，栗尾者是也。"非老鼠之胡须所制。

鼠须笔挺健尖锐，与鬃毫相匹敌。当时书法大家张芝、钟繇皆用鼠须笔；东晋"书圣"王羲之从中得到启发，用鼠须笔写下了绝世佳品《兰亭序》。鼠须笔制法今已失传。

唐宋时期毛笔的大兴盛

那是在我国北宋时期，著名文学家苏轼在政治上与王安石实行变法的主张意见不合，在3次上书宋神宗，陈述变法得失无果之后，请求外任。1071年，皇帝让他到杭州去任通判。

陈州正好在苏轼的行程之内，于是苏轼就顺便到弟弟苏辙这里来小住。

当苏东坡闻知汝阳刘"御笔坊"离此只有百十里路程时，就和弟弟等人策马来到汝阳刘。

刘氏族人得知名满朝野的大学士苏轼及其家人前来，大喜过

苏轼画像

■ 狼毫毛笔

苏轼 （1037年—1101年），字子瞻，和仲，号"东坡居士"，世称"苏东坡"。北宋诗人、词人，宋代文学家，是"豪放派"词人的主要代表之一。与父苏洵、弟苏辙合称"三苏"。为"唐宋八大家"之一，与欧阳修并称"欧苏"。与黄庭坚并称"苏黄"。词开豪放一派，与辛弃疾并称"苏辛"。著有《苏东坡全集》和《东坡乐府》等，对后世影响很大。

望，热情接待。苏轼深谙笔之神奥，于是他提出制作几支"鸡毛为被，狼毫为柱"的毛笔。

刘氏族人按要求精制而成，献于苏轼。苏轼随即展纸挥毫，运笔自如，十分满意，连声赞道："此笔真乃极品圣物也！"

从此，汝阳刘毛笔系列又添新贵。后来，刘氏族人就把这种毛笔命名为"东坡鸡狼毫"，并开始世代流传。

在唐宋时期，社会经济文化繁荣，"文房四宝"的制作也进入鼎盛时期。制笔过程中，毛笔工艺改进和毫毛采选的讲究，既促成了毛笔特性的提高，也使唐宋的制笔业在魏晋南北朝的基础上有了较大发展，达到了更加兴盛的阶段。

唐代的笔，大多出自宣州。宣州成为当时全国的制笔中心，宣州所制的宣笔十分精良，深受唐代书生们的喜爱，也受到了官府和皇室的高度重视，并且成了每年都要向朝廷进贡的贡品。

日本奈良的正仓院所藏我国的唐笔，有斑竹管，有斑竹管镶象牙，也有全管象牙，拨镂碧色之管的。这说明唐代毛笔的丰富多彩，工料精致。

唐代的笔，以兔毫为主，著名诗人白居易在他所写的《紫毫笔》中说：

025

挥毫天下 毛笔

> 紫毫笔，尖如锥兮利如刀。江南石上
> 有老兔，吃竹饮泉生紫毫。宣城工人采为
> 笔，千万毛中选一毫。

■ 白居易作诗雕像

说明当时的宣笔主要用兔毫制作，选料考究，制作精细，十分名贵。

当时宣州的制笔名家有黄晖、陈氏与诸葛氏。唐笔锋短，过于刚硬，所以蓄墨少，容易干枯。于是又发展出了一种锋长精柔的笔。长锋笔的出现对于毛笔来说无疑是一场革命，它带来了唐宋时期纵横洒脱的新书风。

宋代的制笔工艺逐渐趋向软熟、虚锋、散毫。当时的制笔名匠众多，尤其是诸

宣笔 产于安徽宣城为名，故称"宣笔"，是我国四大名笔之一。它盛行于唐、宋，均有制笔名手。宣笔对毛笔发展影响较大。元代以后湖笔渐兴，宣笔渐衰。改革开放后，宣笔渐渐恢复了生机。

葛氏，为跨唐宋两代的制笔世家，技压群芳，堪称北宋制笔大师。其独到的制笔工艺和对制笔方法的改进，形成了颇具特色的诸葛氏制笔法，大大促进了毛笔的进步。

诸葛氏中最著名的一个人叫诸葛高。宋代文学家欧阳修在他所写的《圣俞惠宣州笔戏书》中说，宣城人诸葛高做出来的毛笔个个都很精良。欧阳修还对京师制笔与诸葛氏宣笔进行过比较，他认为京师笔用起来不舒服，而且价钱高，不耐用，不如宣笔。

此外，诸葛高在长锋柱心笔的基础上，又创制了无心散卓笔，即在原加工过程中，省去加柱心的工序，直接选用一种或两种毫料，散立扎成较长的笔头，并将其深埋于笔腔中，从而达到坚固、劲挺、贮墨多的效能。

苏轼曾称当时的无心散卓笔，只有诸葛高会做，

欧阳修（1007年—1072年），字永叔，号醉翁，吉州永丰人，自称庐陵人。北宋时期卓越的政治家、文学家、史学家，其著作有很多，对后世文学的发展影响很大。后人将其与韩愈、柳宗元和苏轼合称为"千古文章四大家"。与韩愈、柳宗元、苏轼、苏洵、苏辙、王安石、曾巩被世人称为"唐宋八大家"。

■ 欧阳修写字蜡像

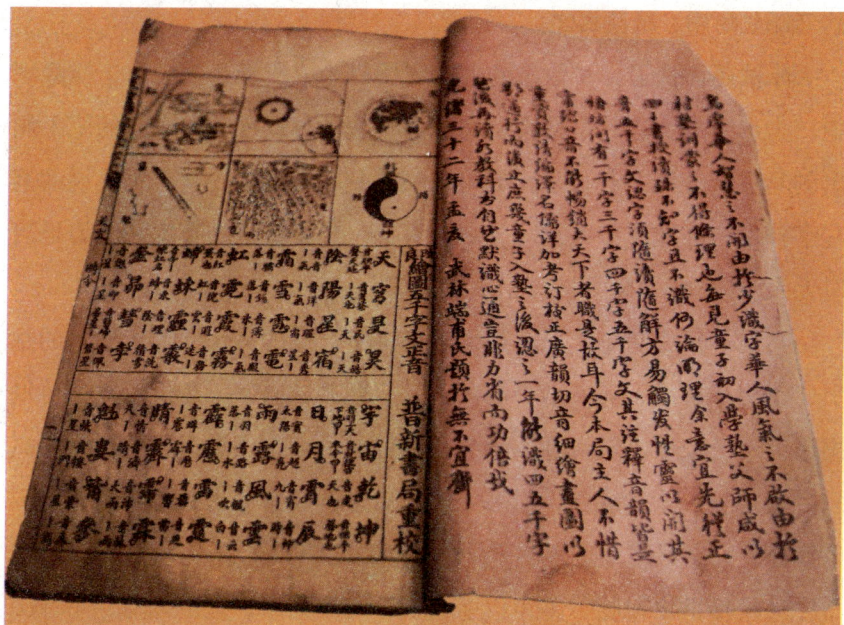

《千字文》古籍

其他人做出来的还不如一般的笔。这种无心、长锋、笔头深埋的形制，是对长锋笔的一种改良，标志着制笔技术的又一次重大转变，在毛笔史上具有里程碑式的意义。

诸葛元、诸葛渐、诸葛丰及歙州吕道人、吕大渊，还有新安汪伯立，都是诸葛高的传人。

宋代最著名的制笔家是吴说。吴说，字傅朋，号练塘，钱塘人，官信州守。吴说是宋徽宗时著名笔工吴政之子，他能继承家法，极善精究制笔，为当时的书画家所重推。

宋代的文学家、书法家苏轼很欣赏吴说所制之笔，作诗赋文，均不用他笔。苏轼曾说："中原一带的士大夫皆喜欢用散毫作无骨字，在市面上所售的笔都是散软一律。唯有吴说能够独守旧法，精工良制，

宋徽宗 （1082年—1135年），赵佶，宋王朝第八位皇帝。在位25年。国亡被俘受折磨而死。他自创一种书法字体被后人称为"瘦金体"。宋徽宗就像是李煜的翻版，被后世评为"宋徽宗诸事皆能，独不能为君耳！"

其笔经久耐用，吾甚嘉之。"

苏轼还评价道："徐浩的书法之所以为人所贵，关键在于锋藏划中，力出字外，这就是杜甫所谓的书贵瘦硬方通神。如今有的笔工制出的笔虚锋涨墨，若写字皆成为肥书，毫无精气神，只有用吴说的笔写字作书，才能尽如人意。"由此可见，吴说制笔的技术和能力是当时无人匹敌的。

吴说不仅是制笔家，而且也是书法家。他的书法深入黄庭坚的堂奥，得力于钟繇，尤善杂书游丝草，所题碑铭匾额，为世所重，传世书迹有《王安石苏轼诗卷》。吴说曾经在钱塘北山九里松牌题字，高宗到此巡视，亲御宸翰，撤去吴书。后来，高宗三次观玩，终觉得不甚满意，无奈最终还是换上了吴说所书的铭牌。

吴说传世之简札，多为信手而书，无拘无束，自由挥写，不计工拙。自然而又合理地与抒情达意紧密结合。这些简札最能表现书家的艺术个性，其中不乏上乘之作。其榜书沉稳端润，行、草圆润流丽。传世书迹有《三诗帖》《叙慰帖》《门内帖》《行艺诗帖》《千字文》等，这些名帖对当时毛笔的进步起到了不小作用。

阅读链接

据说，我国唐宋书法家使用的毛笔基本是用兔毛制成的紫毫笔。据正史书籍记载，安徽宣州用兔毛制成的紫毫笔，以笔锋坚挺而著称于世。宣州陈氏之笔深受唐宋书法家的推崇。

唐宋时期是宣笔的鼎盛时期，宣州成为全国制笔的中心，宣笔声誉日隆，当时文人墨客以宣城紫毫为上品。此时的宣笔无论在制作技巧，选用材料，或在笔杆的雕镂艺术上，都已日臻完善，唐代楷书大家柳公权等人都对宣笔有过极高的评价。

元代毛笔工艺稳步发展

在我国元代，制作毛笔头的主要原料，通常分为狼毫、羊毫、紫毫、石獾、鸡狼毫、猪鬃、山马、牛耳毫等，在同种毫毛之中的档次质量是相差无几的。无论哪一种动物毛，都由于这些动物的产地、品种、部位、雌雄、年龄以及生长的季节，所吃的食物，所处的气候、水土和健康发育状况等因素的不同而差别很大。

比如羊毛，我国元代白山羊毛的产地很多，全国各地产的山羊毛的质量长度、毛杆粗细、锋颖长短价值等都不相同。

在元代，宣笔的声名地位逐渐由湖笔代替。湖州产白山羊，这种羊毛长而色白，尖端锋颖长而且匀细，性柔软，特别

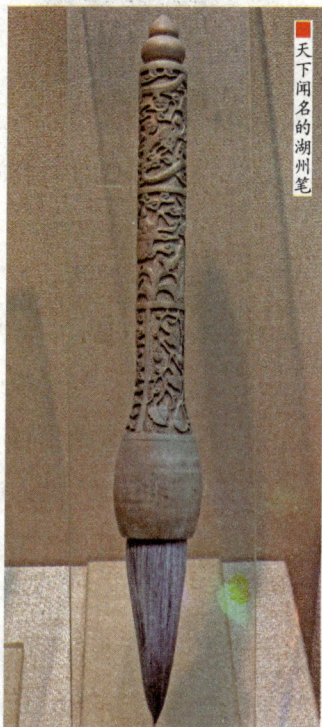

天下闻名的湖州笔

适宜制作长锋羊毫笔。

长江三角洲气候湿润，水草丰美，这里饲养的一种白色山羊，所产的山羊毛毛色洁白似玉，毛杆粗细匀称，锋颖细长嫩润，透明发光，历来被推为制作毛笔的佳品。

这一时期，特别是太湖沿岸的湖州、宜兴、无锡、苏州等地区所产的白山羊，其羊毛质量更是出类拔萃，为优中之优，这就是世界闻名的"湖笔"。

关于湖笔的来历还有一个传奇故事。相传那是秦始皇初年，浙江湖州的善琏还是一个小小的村落，村子里有远近闻名的永欣寺，寺中的住持和尚法名叫善真。

有一天，寺里匆匆进来一位中年汉子，此人身材高大，眉宇间透出一股英武的气概。他向善真作揖道："法师，我能否在庙中住宿几天呢？"

法师见此人生得气宇不凡，就欣然答应说："壮士想借宿庙中，哪有不肯之理？"

此人连连拜谢，一声长叹后说："我叫蒙恬，原在朝中率军，皇上命我到江南收买古玩。我从京都出发，沿途看到许多地方遭受灾害，因此将皇上给我收买古玩的银两分给受灾百姓了，现在银两都已分光，古玩一件没有买到，无法再回咸阳去见始皇了，因此

■ 角型湖笔

湖笔 与徽墨、宣纸、端砚并称"文房四宝"，是中华文明悠久灿烂的重要象征。湖笔是上等的毛笔，湖笔选料讲究，工艺精细，品种繁多，粗的有碗口大，细的如绣花针，具有尖、齐、圆、健四大特点。其故乡在湖州善琏镇，当地有笔祖蒙恬庙。

只得来此投宿几天再作打算。"

　　就这样，蒙恬就改名换姓住在永欣寺了。有一天，蒙恬来到村西。突然，他看见河边一位姑娘因洗衣掉入河中，他立即跳下水去将姑娘救了起来。

　　姑娘本是村西一个姓卜的漆匠的独生女儿，叫卜香莲。香莲父母见女儿落水被救，对蒙恬感激不尽，为了报答蒙恬的救命之恩，卜家时常做些酒菜送给蒙恬，蒙恬总是婉言谢绝。

　　香莲十分心灵手巧，经常到寺中将蒙恬的衣服取回家中浆洗缝补，就这样来来往往的，二人渐生了爱慕之情。

　　有一次，蒙恬去卜香莲家取衣服，路上看见一撮

作揖 我国人古代见面时的一种行礼形式，两手抱拳高拱，身子略弯，表示向人敬礼。据考证作揖大约起源于周代以前。这种礼节要求两手松松抱拳重叠，右手覆左手，在胸前右下侧上下移动，同时略作鞠躬的姿势。这种礼节在京津地区，直到20世纪五六十年代依然保存，在年节、祝寿等庄重场合使用。

031

挥毫天下

毛笔

■善琏湖笔

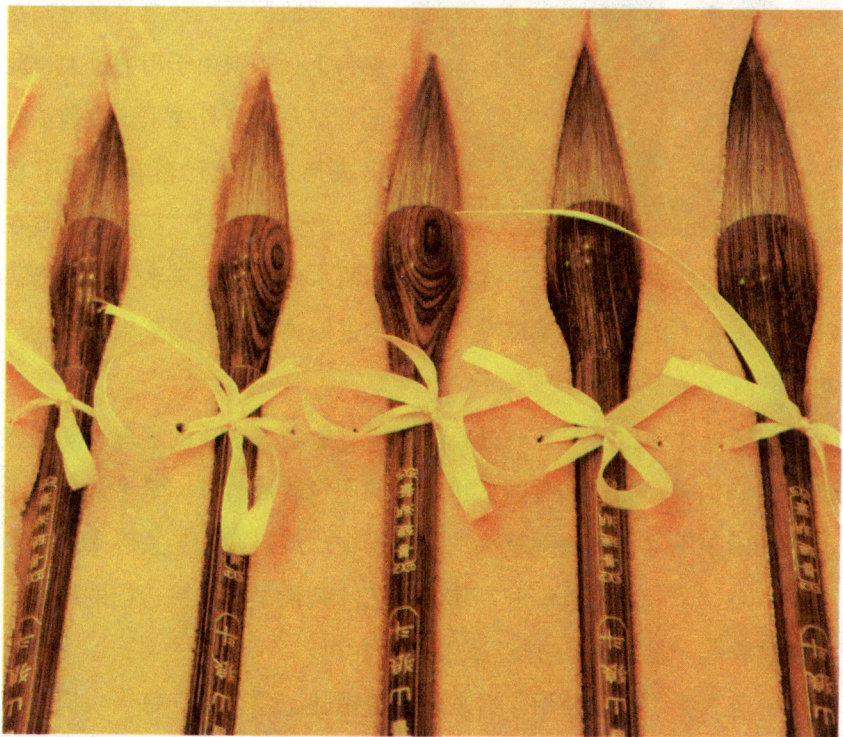

善琏湖笔

文房四宝

纸笔墨砚及文化内涵

山羊毛在一根树枝上随风飘起，就顺手折下树枝，他想他经常在朝中查阅兵书，记载军情，没有称心如意的笔，何不将山羊毛用来制笔，平时也可写诗作文呢！

蒙恬来到香莲家，向香莲要了一根丝线，把山羊毛扎在枝条上，用手将羊毛捋齐，用水蘸调了些锅灰，在白帛上写了几个字。他感到比用刀刻轻松多了，但是写起来力不从心，羊毛上沾有油质，很难落墨。

蒙恬写后，就顺手将它搁在窗台上，不料由于用力过大，此笔却滚落到窗外去了。香莲忙赶出去拾起，笔已落在石灰缸里了。香莲拾起后，见山羊毛卷在一起，上面沾满了石灰水，她赶紧放到清水内，将石灰水漂洗干净，又拔下发髻上的铜簪将毛理顺弄直，拿进屋内蘸了些锅灰水来写，没想到既流畅又顺手。

蒙恬这才悟出了羊毛经过石灰水浸过能剥去油质的道理。湖州盛产毛竹和山羊，蒙恬和香莲就将笔杆的原料改成竹杆，笔毛从山兔毛扩大到山羊毛等，还将毛笔头纳入竹管中。经过两人冬去春来的反复实践，总结了一整套选料和制作的技艺。蒙恬早有为民造福的夙愿，他便和香莲一起将制笔的技艺传授给了村民。

善琏人为了纪念蒙恬，后来在善琏镇建了蒙公祠，每当农历九月十六和三月十六分别是蒙恬和香莲的生日时，当地的笔工都要举行盛大的迎神庙会，以示纪念。

从这以后，善琏的做笔业越来越兴旺，做出来的笔不仅尖、齐、圆、健，而且锋颖清澈，珠圆玉润，书写刚柔相济，得心应手。人们将环绕小镇的河改为蒙溪，还以"蒙笔生花""恬文抒怀""蒙氏羊毫""香水""香块"命为笔名，并一直沿用着。

到了元代，随着文人画的发展，追求以书入画，注重绘画笔法的写意，这种绘画用笔方法必然要求所用笔锋要软硬适中，弹性适宜，且储水量大，这些特性恰为长锋羊毫笔所具备。因此湖州所产长锋羊毫笔，适应了当时文人画家的需要而声名鹊起，成为湖笔最具特色的品种。

元代，湖州逐渐取代了宣州，成为制笔中心。原因大致有三，一是宋室南迁，政治文化中心随之南移。二是宋末元初，大量的笔工迁往湖州或徽州，以避战乱。三是湖州地区制笔的历史悠久，原材料丰富。由此可知，太湖地区的书画家对笔工的提携，作用不小。

■善琏湖笔

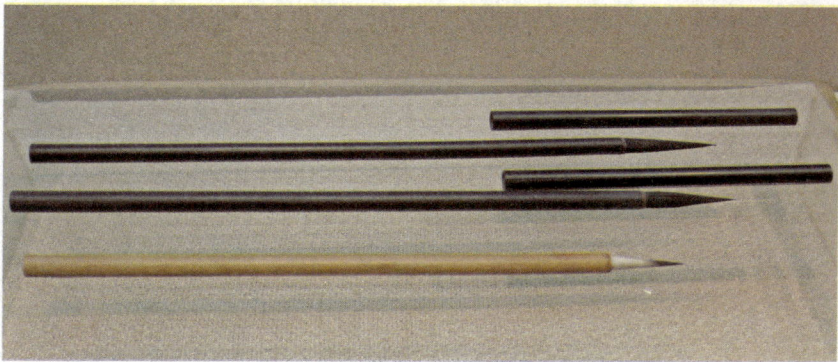

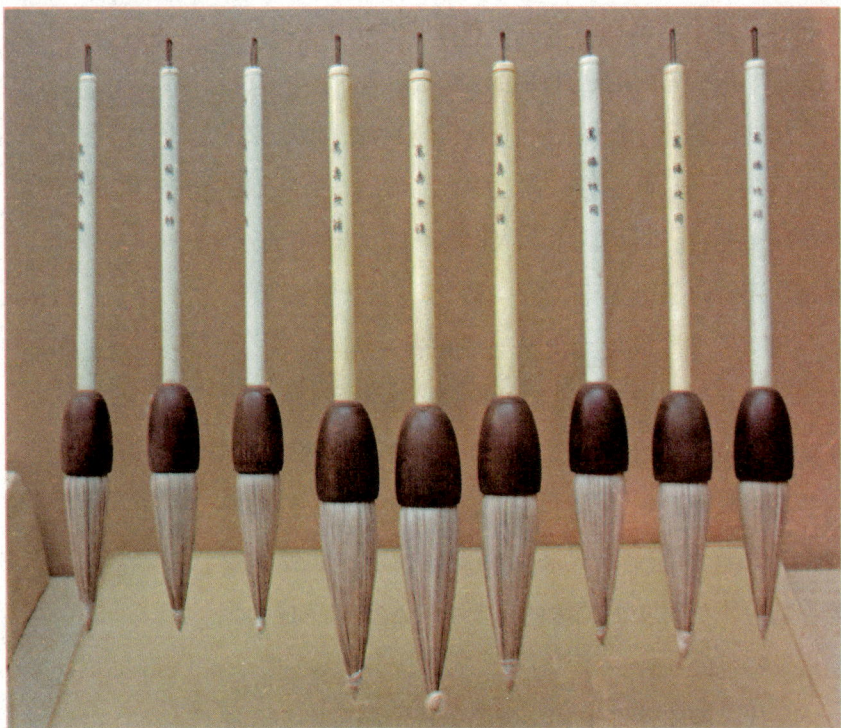

■ 善琏湖笔

沈梦麟 字原昭，吴兴人。约元惠宗至元初前后在世。曾任武康令，用儒家思想来整顿官吏，对老百姓不提倡用刑罚。后因病告老还乡。明代时以贤良征召入朝，年90而卒。沈梦麟的诗有盛唐之风，时人称他"沈八句"，著有《花溪集》3卷行世，对后世文学发展有较大影响。

据文献资料，湖州一带，家家制笔，笔工不计其数。所谓"浙间笔工麻粟多"。当时，湖州笔工不但最多，而且声名最著。在元代，湖笔延续了宣笔的传统，主要生产紫毫笔及兼毫笔。

元代湖州文人沈梦麟描写过湖州制兔毫笔的繁荣景象，其诗云：

吴兴阁老松雪翁，书画直与钟王同。
当时笔家争效技，陆颖一出超群工。

这首诗的意思是说，笔工们知道若能得到当时书法家赵孟頫的垂青，则必会声名鹊起而沽得善价，于是他们纷纷向赵孟頫提供制作精良的毛笔。

据《紫桃轩又缀》中记载，元代的书法家赵孟頫将笔头中最好的精豪取出收藏，"凡萃三管之精，令工总缚一管。终岁任之，无弊。"而为赵孟頫做笔的笔工，可能就是沈梦麟诗中的陆颖了。

在元代，湖笔笔工在文士笔下出现频率最高的当属冯应科，其次便是陆颖、陆文宝、陆继翁了。

学者解缙在他所写的《题缚笔帖》中说：

> 陆颖本农家而善缚笔，长子尤能知笔之病，次子亦能缚笔。

陆颖有笔轩，名笔花轩，陆文宝继之，这出自于元代学者解缙所著的《笔妙轩》。此外，其间的湖

■ 制作完成的湖笔

孔齐 字行素，号静斋，曲阜人。生卒年均不详，约元惠宗至正末前后在世。父退之为建康书掾，因家溧阳。元末，又避兵居四明。生平事迹不详。齐著有至正直记4卷，对文学发展有较大影响。《四库总目》传于世。

挥毫天下

毛笔

■ 等待加工的毛笔尖

文房四宝

纸笔墨砚及文化内涵

笔世家还有二沈兄弟、温氏父子等。

湖笔笔工驾舟往来南北，又与文人交厚，于是便有相善的文人托笔船给远方的亲友捎带书鸿。

元末，隐居太湖东山希澹园的诗人虞堪，托十年前的故交湖州笔工沈氏兄弟给隐居他处的潘处士捎信，便写了一首诗赠给二位笔工，诗名《赠湖州二沈笔生，因简潘隐君》，中有"一番相见又逢秋，扁舟夜雨来沧海"之句。

元代，制作毛笔的工艺越发精湛。元代著名文学家孔齐在他所著的《笔品》中写道：

> 予幼时见笔之品，有所谓三副二毫者，以兔毫为心，用纸裹来年羊毫副之，凡三层。有所谓兰蕊者，染羊毫如兰芽包，此三副差小，皆用笋箨叶束定入竹管。
>
> 有所谓枣心者，全用兔毫，外以黄丝线缠束其半，取其状如枣心也。至顺间有所谓大小乐墨者，全用兔毫散卓，以线束其心，根用松胶缎入竹管，管长尺五以上，笔头亦长二寸许，小者半之。后以松

虞堪 元末明初藏书家、诗人。字克用，一字胜伯，别字叔胜，号青城山樵。长洲人，即现在的苏州。南宋名臣虞允文后人。元末隐居不仕。家藏书丰富，多手自编辑。所作诗文清润典丽。他著有《希澹园》《虞山人诗》《鼓枻稿》《道园遗稿》等。

胶不坚，未散而笔头摇动脱落，始用生漆，至今盛行于世，但差小耳。其他样皆不复见也。

湖笔的制作工序要经过浸、拨、并、配等七十多道工序精制而成，笔锋坚韧，修削整齐，丰圆劲健，具有尖、齐、圆、健的特色，这就是笔之四德。

元代湖州制笔以善琏为中心，聚集了大批能工巧匠，如张进中、姚恺、潘又新等。随着时光推移，湖笔制作技术逐渐向周边地域传播，促进了江浙一带制笔业的整体发展。

元代毛笔制作还使用了剔犀工艺。剔犀是指用两种或3种色漆，在器物上有规律地逐层积累起来，至相当厚度后用刀剔刻花纹。由于刀口断面可以看见不同的色层，与其他雕漆效果不同，故称剔犀。元代剔犀工艺发展到至高的水准，为后世所不及。

元代存世文物中有一支剔犀心形纹毛笔，长21厘米，以黑漆为面漆，中间以红漆两道，色感稳重深幽，用刀圆润婉转，打磨平整精到，整体曲线柔和，透露出

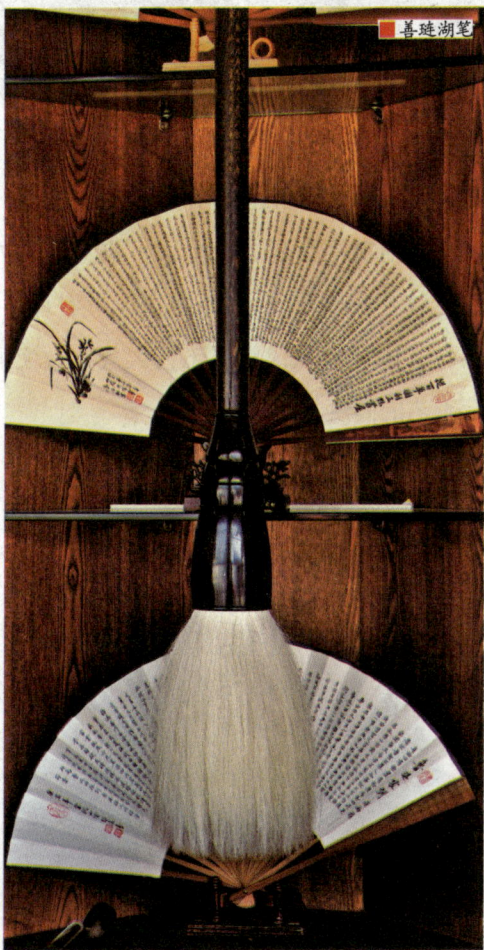

■善琏湖笔

善琏湖笔

一种沉静华贵之美。心形纹饰乃是剔犀中最古老的一种剔刻纹饰，早在南宋时期已经普遍使用。

此笔自笔套起，由上而下贯穿相应的心形纹装饰，而在握笔处用卷草纹作突节，手感舒适，连贯有序，一气呵成，而无唐突牵强之感。既体现出元代剔犀工艺大气、敦实的时代特征，也反映出当时制笔工艺的高度发达。

阅读链接

毛笔作为我国绘画最重要的工具，它的意义不仅仅在于作为一种手工艺制品的精致和多样，更在于它作为中华民族本于自身的生活方式在文化创造上所做出的富于智慧的选择。毛笔的演进推动了我国山水画的发展，我国山水画的演进也在诸多因素上影响到了毛笔的不断完善。

在元代，以长峰羊毫笔为主的软毫笔对元代山水画风格变化的影响，以及元代山水画的风格变化促进毛笔在诸多因素上的不断完善，都说明元代毛笔与山水画之间相辅相成的关系。

明清毛笔的工艺与鉴赏

明清制笔，不仅讲求实用，更加讲求工艺的欣赏性。当时笔头选用的毫料主要有羊毫、紫毫、狼毫、豹毫、猪鬃、胎毛等数十种。明代学者陈献章还创制了一种以植物纤维为原料的笔头，称白沙茅龙笔。

明清毛笔的形制类型也有增加，出现了楂笔、斗笔、对笔、提笔、楹笔等大型的笔。此外，还有一些是专用以作工笔画的小型笔。

明清毛笔的笔管制作极为考究，在选材上，与以往常用的竹

古代毛笔

■ 明代玉笔

八仙 指民间广为流传的道教八位神仙，铁拐李、汉钟离、张果老、蓝采和、何仙姑、吕洞宾、韩湘子、曹国舅八人。传说八仙分别代表着男、女、老、少、富、贵、贫、贱，是我国道教神仙系统的重要组成部分。

管、木管相比，更讲究材料的名贵。如竹管有棕竹、斑竹等，木管有硬木、乌木、鸡翅木等。

除常见的竹木管笔外，还有以金、银、瓷、象牙、玳瑁、琉璃、珐琅等制成的笔管，或为前代已有而此时更常用，或为前代未曾使用而增加的新材质，将其加以镶嵌、雕刻，使之成为一种精妍的工艺品。

传世品中较著名的有明嘉靖彩漆云龙管笔、明万历青花缠枝龙纹瓷管羊毫笔等。明清笔管的雕饰也更加繁复精制，有雕为龙凤、八仙、人物、山水以及各式几何图样的。

这种对笔杆材质的讲求与装饰，已经不是出于实用的目的了，而纯为了鉴赏的需要。毛笔这种装饰在明清两代也有着一些差别，明代形制及装饰显得质朴大方，清代则极为繁缛华丽，这是明清两代时代风格的差别。

自从毛笔成为鉴赏和珍藏的对象后，人们便常以珍宝珠玉制毛笔管，以获装饰之美或夸耀其财势和地位。比如清代学者唐秉钧在他所著的《文房肆考图说》卷三《笔说》中说：

> 汉制笔，雕以黄金，饰以和璧，缀以隋珠，文以翡翠。
> 管非文犀，必以象牙，极为华丽矣。

这说明了此时的毛笔，不仅是书画工具，有的还是供人鉴赏观玩的艺术品，已经没有实用性了。

清代同治年间，在杭州经营湖笔的笔商邵芝岩，以500两纹银的重价购入一支刚被发现的兰花极品"绿云"，置于店堂之中，又改店名为"邵芝岩笔庄"，并在所经营的湖笔上刻上了"芝兰图"商标。于是，慕名前往赏兰的人，见笔庄内，并蒂绿云，翠玉生香，满架毛颖，颖尖毫健，便闻香选笔。笔庄声名由此大振。

明清时与湖笔并驾齐驱的是湘笔。湘笔是在湖笔影响下，于元末明初崛起，逐渐得到很大发展。

湘笔主要产地以长沙为中心，其制笔历史可溯至唐代郴州笔。明清湘笔主要特色在于笔头制作方法采用杂扎技术，即将不同笔毫不作分层，而是相互间杂在一起，取得刚柔相济的效果，并有"水毫""兼

明代黑漆人物雕刻毛笔

毫"等著名品种，都有广泛影响。

明清毛笔制作已形成湖笔、湘笔等名品并存的局面。各地制笔业竞相发展，进入了毛笔制造业的鼎盛阶段。这种状况，同时也适应了明清书画技法的多种面貌对毛笔性能的不同需求。

笔筒在古代文具中出现得最晚，大致到了明朝晚期，文人的案头才设置笔筒。这与一般人的想象有些出入，笔筒造型简单，一般口底相若，呈筒形，少有大的变化。比起其他文具，笔筒简单而实用，可在明朝中叶之前，文房用具中却没有笔筒。笔筒的前辈大致有笔架、笔床、笔格几种。

明清时期，涌现出许多著名笔工。张文贵是明代笔工，杭州人，他擅长制作画笔，有"画笔以杭之张文贵为首称"的赞评。

周虎臣，清初著名笔工，江西临川人。制笔规模较小，以自产自销的方式经营，1694年在苏州开设"周虎臣笔墨店"，专门制作经营毛笔。后于1862年扩展到在上海开设分店，而后总店也迁至上海，成

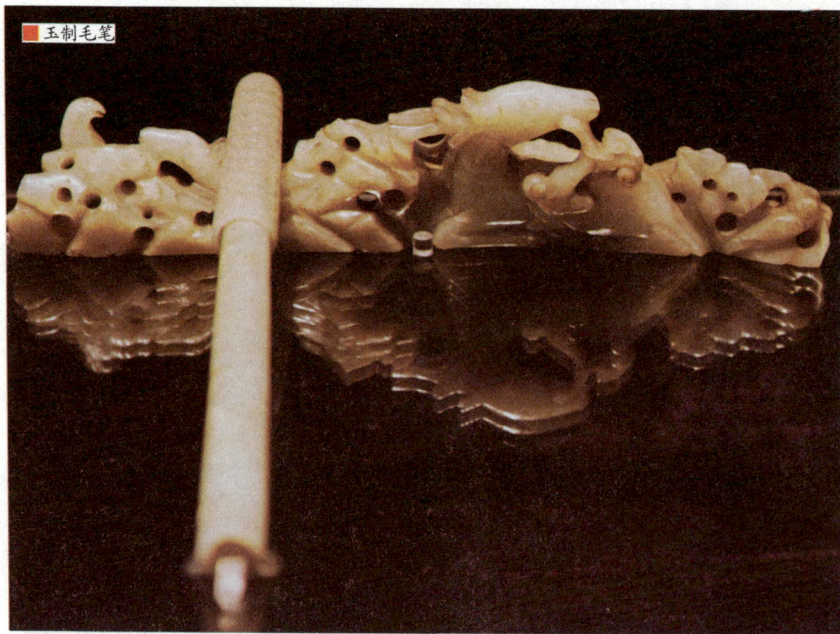
玉制毛笔

为拥有100多名笔工的作坊。周虎臣之子继承父业，连续七代，这都为明清时期的毛笔推广做出了贡献。

施文用也是清代著名笔工，精于制作笔翰，大多作为贡品，进献皇宫内府，被达官贵人视为案头清玩。笔杆常标"笔匠施阿牛"记号，清乾隆皇帝鄙弃其名，改为"施文用"。此后施文用的名字在湖笔界有了盛誉。

王永清，清代笔工，他善制笔，不传徒不设肆，治笔于家，制笔做工精细。清代学者包世臣在他所著的《艺舟双楫》中记有王永清，原文是这样写的：

■ 明代窑白瓷透雕牡丹纹笔筒

吾之治笔也，先纳笔头于粗管，修去其曲与偏之甚者，胶尖，俟干透，乃倒梳其根，令净，换管再扎，又择去不甚直而圆者，再胶再梳，又恐曲与扁者虽净，或有圆正而其材不长，不能齐尖者厕其间。

上齐则下所入管者少而根硬，下齐则腰发胖而尖薄，是亦未足以发挥指力，曲折如意也。又择而梳之，然后固扎其根而黍以投于精管，故终笔之用，而无一褪毫，尖尽秃而笔身仍韧好不僵也。

包世臣（1775年—1855年），字慎伯，晚号倦翁。清代学者、书法家、书学理论家。包世臣学识渊博，喜兵家言，治经济学。对农政、货币以及文学等均有研究。其主要历史功绩在于通过书论《艺舟双楫》等鼓吹碑学，对清代中、后期书风的变革影响很大，至今为书界称颂。

文房四宝

纸笔墨砚及文化内涵

■ 清代掐丝珐琅笔架

王兴源，清代笔工，浙江归安善琏镇人，他在扬州设肆卖笔，是湖笔名师之一。李馥斋，清代北方笔工。道光时人。精于紫毫兼羊毫制笔，尖，齐，圆，健四德皆备。

书法 是指我国书写的法度。书法是我国的一种艺术类别，一般指书写汉字的艺术。由此可知唐代书法的法度追求最高、最严谨，唐代书法成就也是我国书法史上最顶峰的。书法艺术是中华优秀文化的重要组成部分。

王兴源又能制作卷心笔，其功能超过一般规范，大可作擘窠巨字，小可作楷书，为当时书法家文人所称赞。

北京故宫博物院收藏了明代毛笔文物数十件，其中绝大多数是当时宫廷毛笔精良华丽的代表，代表了当时毛笔制造业的最高工艺水平。故宫收藏的明代黑漆，彩漆描金云龙，龙凤管笔就是一例。

这些毛笔管，笔套均用黑漆为底，用彩漆描绘山海，大海波涛汹涌，山石耸立其间，浪击山石，惊涛四起，寥寥数笔，勾画出一派海阔天高的意境。加上彩漆描绘精细，色彩明丽和谐，画面构图主次分明，布局严谨。笔管和笔套镶金扣，增添了富丽华贵之感。

笔头毛色光润，浑圆壮实，葫芦式锋尖锥状，美观挺拔，精工巧制，尖，齐，圆，健四德完备，是明代制笔水平的实证，是传世"文房四宝"中的珍品。

毛笔虽然是实用工具，但是其随着社会经济文化发展，制作工艺的不断改进，而日益完善和精美，逐渐也成为收藏、鉴赏的珍玩古物。

毛笔不易保存，笔毫易坏，所以毛笔的鉴赏更着眼于装饰意味浓厚，色彩艳丽的笔管上。笔毫形制是为书写、绘画的需要而改进的。古人以竹笋式笔毫为我国传统品类，属于短锋羊毫，兼毫笔类，锋短而粗，形如笋状，落纸凝重厚实，除实用外还可以进行观赏。

还有一种兰花式笔毫，也是我国传统毛笔品类之一，笔头圆润，洁白纯净娇柔，似含苞欲放之玉兰，给人以秀美之感，赏心悦目。古代还有一种笔毫做成葫芦式，兼毫圆润坚劲。

自笔管成为鉴赏和珍藏的对象后，人们便常以珍宝珠玉制毛笔

■清代彩瓷笔

管。如古文献中说，古代制笔，"雕以黄金，饰以和璧，缀以隋珠，文以翡翠。管非文犀，必以象牙，极为华丽矣"。可见古代的毛笔，不仅是书画工具，还是供人鉴赏观玩的艺术品。

古代工匠在周不盈寸的毛笔管上，巧妙地描绘，镌刻山水人物，花卉鸟兽，足以表现工艺的独特高超。

鉴别明清的毛笔，首先对保存的遗物和各个时代古笔的历史要做系统了解和认识，分清笔的历史上限下限，区分制笔地区，把握各时廷御制品。

其次看笔毫完好与损坏情况。而后再着眼于笔管的装饰，是否有制笔名家的镌刻，是否有名人的赠语及题跋。

对制笔名家和名人的时代特点、个人风格，要有丰富的科学文化知识，才能识别和鉴别，从而审定其文物价值。

毛笔是"文房四宝"之首，它的性能好坏，直接影响了我国的书画艺术水平。因而从使用到保养，都是我国文人非常重视的。

■ 儿童练习毛笔雕像

书画 是书法和绘画的统称。也称字画。是指用笔、墨、颜色在帛、布、绢、纸、绫等上面画的东西，是历史上有名的画家们画的。历史上有名的书法家写的真迹，在写字技巧上有很多创造或独具一格的，我们称之为书法艺术。

在毛笔的运用上，有很多的讲究。毛笔的笔头，主要由笔锋和副毫组成。所谓笔锋，是指笔头中心一簇长而尖的部分；所谓副毫，是指包裹在笔锋四周的一些较短的毛。

在运笔过程中，笔锋与副毫发挥着不同的作用。笔锋是笔毫中最富有弹性的地方，它决定着笔画的走向和力度，所以有"笔锋主筋骨"之说。

但是光有筋骨而无血肉的毛笔字是不美的，所以历代书家在书写时都不是单用笔锋的，而且笔锋与副毫也无法截然分开，而须兼用副毫。副毫控制着笔画的粗细。副毫与纸的接触越多，笔画越显丰满。故又有"副毫丰血肉"之说。

书法家在运笔过程中，总是根据自己的审美观来协调运用笔锋和副毫的。看重筋骨，以瘦劲为美的人，就少用副毫，而既重筋骨又重血肉，以丰腴为美的人，就必然多用副毫。

毛笔的笔头，按其部位大体又可分为笔尖、笔肚和笔根3部分。再把笔尖至笔肚的那一部分分成三等分，写字时，用到笔尖那一部分，是一分笔；用到笔尖和中部两等分，是二分笔；三等分

褚遂良 （596年—658年），字登善，阳翟（今河南禹州）人。唐代政治家、书法家。博学多才，精通文史，尤工书法。初学虞世南，后取法王羲之。与欧阳询、虞世南、薛稷并称"初唐四大家"；他的传世墨迹有《孟法师碑》《雁塔圣教序》等。

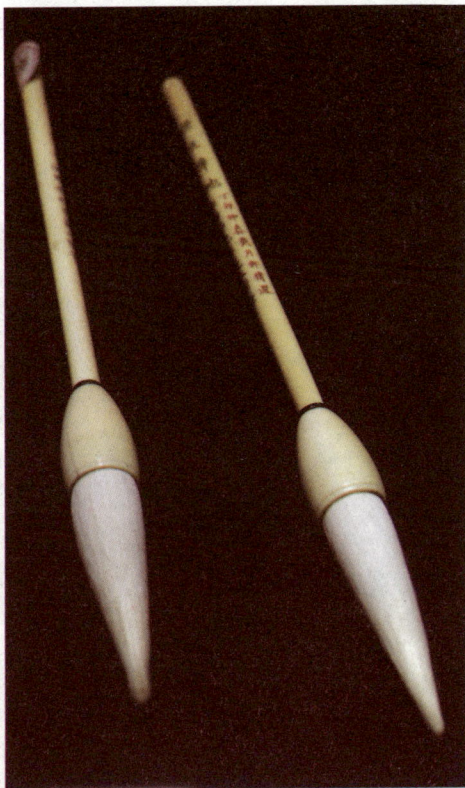

■ 清代斗笔一对

欧阳询（557你—641年），字信本，唐代著名文学家和书法家。楷书四大家之一。他自幼聪敏勤学，涉猎经史，博闻强记。代表作楷书有《九成宫醴泉铭》《皇甫诞碑》《化度寺碑》《兰亭记》，行书有《行书千字文》。对书法有其独到的见解，对后世文学和书法都有很深远的影响。

都用，称三分笔。使用一分笔书写，笔画就显得纤细、瘦劲。如初唐时的书法家褚遂良、薛稷常用此法，宋徽宗的瘦金书也是突出的范例。

褚遂良擅长一份笔，笔画起伏多姿，跌宕有致。他少年时师从虞世南研习书法，富有特色的"褚体"。有一次，褚遂良问虞世南："我的书法跟智永禅师比较谁的更好些？"

虞世南说："我听说智永禅师的书法一字值五万钱，你的字能卖到这个价吗？"

褚遂良又问："跟欧阳询比较又怎么样呢？"

虞世南说："我听说欧阳询不挑选纸笔。不论用什么样的纸和笔，都能随心所欲地书写。你能做到这样吗？"

褚遂良说："既然如此，我为什么偏要讲求对笔、纸的选择呢。"

■ 清代狼毫毛笔

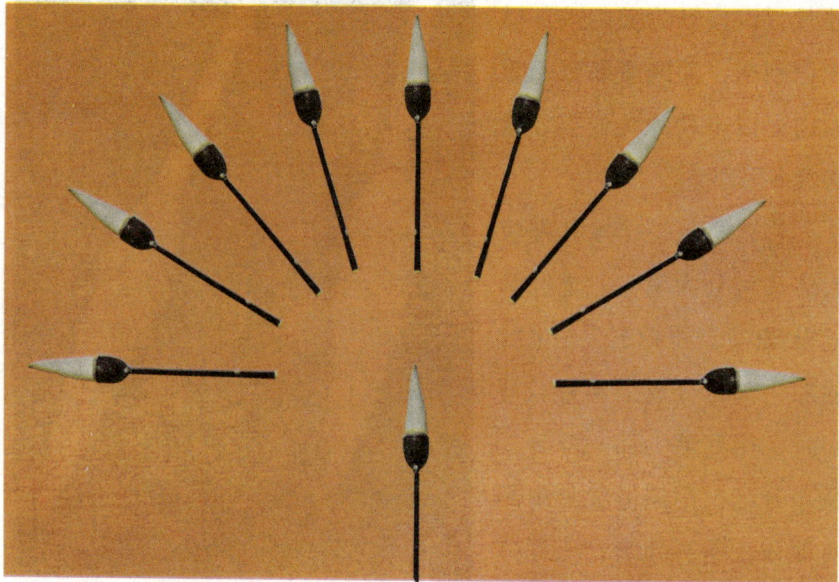

虞世南说："要使手、笔相协调，互相配合，这是最难能可贵的啊！"褚遂良心领神会，高高兴兴地告辞了。

褚遂良专注用笔，最终形成了宋徽宗开创的瘦金体书法，挺拔秀丽、飘逸犀利，即便是完全不懂书法的人，看过后也会感觉极佳。

宋徽宗传世不朽的瘦金体书法作品有《瘦金体千字文》《欲借风霜二诗帖》《夏日诗帖》《欧阳询张翰帖跋》等。此后再没有人能够达到他的高度。

在明清时期，使用二分笔书写，笔画则显得圆润、俊健。如晚唐的柳公权、元代的赵孟頫多采用二分笔。

使用三分笔书写，笔画就显得丰腴、浑厚，如中唐的颜真卿、宋代的苏东坡。

一般说来，使用三分笔写字，就已经达到用笔极

■ 清代人物习字蜡像

瘦金体 是宋徽宗赵佶创造的书法字体，亦称"瘦金书"或"瘦筋体"，也有"鹤体"的雅称，是楷书的一种。其用笔源于褚、薛，写得更瘦劲；结体笔势取黄庭坚大字楷书，舒展劲挺。现代美术字体中的"仿宋体"即模仿瘦金体神韵而创。

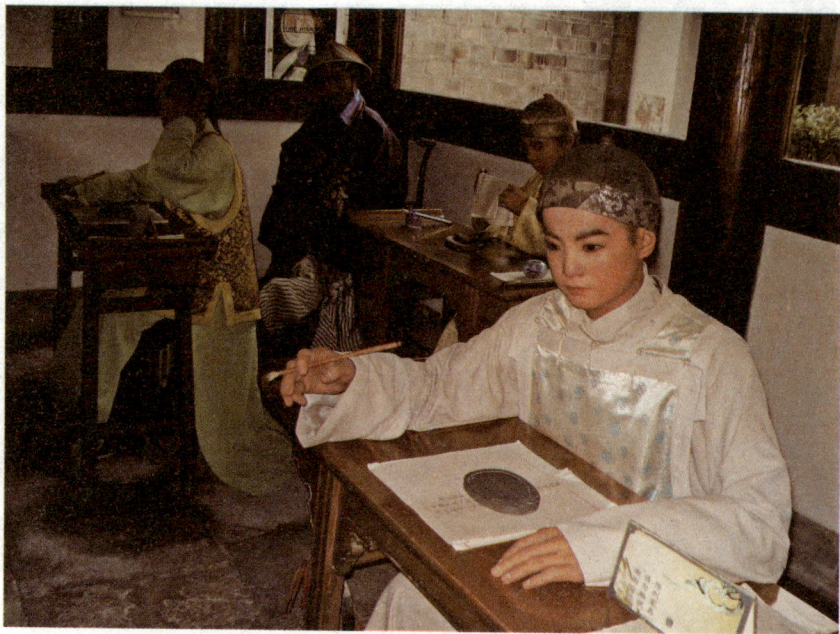

文房四宝

纸笔墨砚及文化内涵

■ 古人使用毛笔考试蜡像

笔锋 笔毫与笔锋是一个整体，两个概念。一支优质毛笔必须具备笔毫、笔锋两个要素。一般优质的笔，既有优等的毫，更有优质的锋，如等外毛、劣质毛、废品毛，同样可以制作毛笔，从外观看很像一支毛笔，实际有毫而无锋。笔锋在毛笔头中作用是十分重要的。

限了。古人有使笔不过腰的说法。如过腰用笔，一是极易出现墨猪，而且笔锋提起时无法弹回；二是容易导致笔锋开岔收不拢；三是大大缩短笔的使用寿命。

对于初习字者，往往易出现两个极端，一是不敢铺毫，单用笔锋书写，字显得纤弱无力；二是肆意铺毫，甚至用笔根书写，字显得臃肿、赘疣。所以，初习字者应首先注意正确地使用笔位。

在明清时期，对于毛笔的保养，是一个学习书法者的基本功。毛笔的保养方法非常重要，甚至影响到书法的学习，这里面也有很深的学问。

启用新笔，首先要开笔。将买回来的笔用温水泡开，浸水时间不可太久，笔锋全部散开即可，不能让笔根的胶质也化开了，否则就会变成掉毛笔。紫毫较硬，宜多浸在水中一些时间。

写字之前，润笔是必要工作，不能拿起笔来，一沾墨就写字，这种习惯是错误的。正确的方法应该是先用清水将笔毫浸湿，随即提起。切忌不可久浸，以免笔根之胶化开，之后将笔倒挂，直至笔锋恢复韧性为止，大概要数十分钟。如果不经润笔即书，毫毛经顿挫重按，会变得脆而易断，弹性不佳。

然后可以开始写字，即入墨。入墨要力求均匀，且使墨汁能渗进笔毫，须将清水先吸干，可以笔在吸水纸上轻拖，直至干为止。所谓干，并非完全干燥，只要达到正常容墨就行。墨少则过干，不能运转自如，墨多则腰涨无力，都是不佳的。

书写之后则需立即洗笔。墨汁有胶质，若不洗去，笔毫干后必与墨、胶坚固黏合，要再用时不易化开，且极易折损笔毫。

笔洗净之后，先将笔毫理顺并吸干里面的水。再将笔悬挂于笔架上，可使余水继续滴落，直到干燥为止。需注意应在阴凉处阴干，以保存笔毫原形及特性，不可曝晒。保存笔的要领以干燥为尚。

此外，新笔应装入纸盒或木盒内，还需要防虫蛀，经常晾晒，防止生霉。如果用过的笔没有立即清洗，积墨粘结，可用温水浸泡，不可硬性撕散

褚遂良塑像

清代珐琅笔架

或用开水浸泡，以免断锋掉头。

　　善于使用毛笔，是对我国传统文化的一种继承。几千年来，毛笔为创造汉族民族光辉灿烂的文化，为促进汉民族与世界各族的文化交流，做出了卓越的贡献。

阅读链接

　　明代在毛笔笔尖的制作上，发展了兼用两种硬度不同的毫发制作毛笔，以适应书法绘画技法的成熟发展。为了让笔尖呈现艳丽的样貌，工匠们广泛取材，以具有天然色泽的毛发制作笔头。

　　明清宫廷毛笔更是精美，制笔工匠为了使宫廷笔呈现出质佳、色美、形巧的特色，我国工艺品杂项中几乎所有的材质和工艺都被古人运用到了笔的制作上。值得注意的是，在笔管的装饰风格上，明代笔稍显质朴大方，清代笔则极为繁缛华丽。

古墨

墨是"文房四宝"之一，是书写、绘画的主要颜料。墨是我国古代书写中必不可缺的用品，借助于这种独创的材料，我国书画艺术的奇幻美妙的意境才能得以实现。

墨是书画家的至爱，记载了我国历史与文化的全部内容，为中华文明的传播，起到了重要的作用。

古代制墨所采用的原料主要有松烟、漆烟和桐烟。从制成烟料到最后完成出品，其中要经过入胶、和剂、蒸杵及模压成形等多道工序。墨模的雕刻就是一项重要的工序，也是一个艺术性的创造过程。

墨的起源及古墨特点

　　传说在西周时期，有一个擅长诗画的人，他名叫刑夷。一天，刑夷在河里洗手时，看见河面上漂着一件黑乎乎的东西，他怀着好奇心捞起来一看，原来是一块尚未燃尽的松炭，便又随手丢进了河里。

　　刑夷捞完松炭后发现，自己一双刚刚洗干净的手染上了一道黑黑

古代原始岩画

■ 早期的木炭

的颜色。他不禁思忖道："松炭既能染色，是否可以用来写字呢？"想到这，他赶紧追到下游，重新把那块松炭捞了起来。

刑夷把松炭带回家，用砖头将它捣碎，研成粉末。妻子王氏把一碗麦粥端到刑夷面前，说："你干什么呀？快吃饭吧！"

刑夷朝麦粥望了一眼，他灵机一动，捧起黑粉末，"哗"地撒在瓷碗中。王氏惊讶地说："啊呀，你疯啦！"

刑夷笑了笑，没有回答，他拿起筷子，朝碗里蘸了几下，朝墙上划了几下，墙上出现了一道道黑色的痕迹。

刑夷高兴地叫了起来："哈哈，我找到写诗作画的材料啦！"

从此，刑夷便用松炭粉末调成的液体写诗作画。

瓷 瓷器是一种由瓷石、高岭土、石英石、莫来石等组成，外表施有玻璃质釉或彩绘的物器。因为它不透水，有较为低廉的成本和耐磨等的特性在我国被广为使用，是中华文明展示的瑰宝。多姿多彩的瓷器是我国古代的伟大发明之一，瓷器的精美绝伦完全可以作为我国优秀文化的代表。

■ 早期黑色颜料

殷墟 位于我国河南安阳市殷都区小屯村周围，横跨洹河两岸，有很重要的考古价值。是我国商代后期都城遗址，是我国历史上被证实的第一个都城。殷墟王陵遗址与殷墟宫殿宗庙遗址、洹北商城遗址等共同组成了规模宏大、气势恢宏的殷墟遗址。

这种液体，就是我国最原始的墨汁。

我国墨的起源与国人书写或描绘的行为紧密相关，可以追溯到极为久远的年代。前人由于认识的局限，故称上古无墨。

其实，墨的起源比笔还要早。我国早在商周以前，墨就已经作为一种黑色颜料，开始用于书写。早期的墨都是采用天然材料，甚至用墨斗鱼腹中的墨汁为墨，进行书写或染色。

近代以来，随着考古学的不断发展，一些有关墨的文物陆续被发现，这些直接或间接的考古材料为人们大致勾勒出了墨的起源及发展轨迹。

河南殷墟出土的甲骨文上，有用朱和墨书写文字的痕迹，表明在甲骨文上书写的文字，红色是朱砂，墨色是碳素单质，这证明朱砂和墨在殷代就开始被巫人用来书写文字了。在商代石、玉、陶器的表面，也曾发现过墨书的遗存。

另外，传说古代曾用漆书，但未被考古发现所证实。早期的墨尚不能制成墨块而是零碎的小片，使用时撒在砚上，用研石压住磨成墨汁。

据宋代学者李孝美在他所著的《墨谱》中记载：最早的墨是用漆和石粉所做。元末明初学者陶宗仪在《辍耕录》卷二十九中云：

上古无墨，竹挺点漆而书。中古方以石磨汁，或云是延安石液。

文中所讲的墨就是古代的"石墨"，是最原始的墨，用天然石炭制成，使用时从研石在砚石上磨成粉末，再渗以水融成墨汁使用。

在陕西临潼姜寨遗址出土的那套绘画工具中，有一根石质磨棒，它的用处就是用来研墨的。由此可推定，早在5000年前的仰韶文化时期，就已出现了原始的石墨。

现存最早的人造墨的实物，是1975年湖北云梦县

■ 古代制墨蜡像

睡虎地4号古墓中出土的墨块。此墨块高1.2厘米，直经为2.1厘米，呈圆柱形，墨色纯黑。同墓还出土了一块石砚和一块用来研墨的石头。

石砚和石头上均有研磨的痕迹，且遗有残墨，可与先秦道家庄子所说的"舐笔和墨"相印证。说明早在秦朝以前，我国已经有了人造墨和用于研磨的石砚。

后来，人们在河南刘家渠东汉墓中出土了五锭东汉残墨。其中有两锭保留部分形体。这两锭残墨呈圆柱形，系用手捏制成形，墨的一端或两端具有曾研磨使用的痕迹。

这两锭尚保留部分形体的东汉残墨和湖北云梦县睡虎地4号墓出土的秦朝或许是战国末期的墨块，以实物证明，我国在秦汉时期，已经有了捏制成形的墨锭。也就是说，我国在3世纪之前，已经有通过一定的工艺方法制成的人造墨在应用了。

常言道，墨分五色，即焦、浓、重、淡、清。通过净水的调和，再加上白纸自有的颜色，统称为"五色六彩"，并由此创造出一个丰富多彩的意象世界。更有人将水墨看作是我国道家哲学的物化，通过黑白的纯素之道，表达幽玄深邃的认知和感悟。

阅读链接

关于墨的发明，历史有许多记载。明人朱常泞《述古书法纂》云："邢夷始制墨，字从黑土，煤烟所成，土之类也。"说明我国人工墨的历史起始于周代周宣王时期。明代学者罗顾在《物原》一书中也称："邢夷作墨，史籀始墨书于帛。"

除了文字记载之外，民间传说中也有关于墨的故事。据传说，春秋时晋成公出生时，其母梦见有人用墨画成公臀部，并说这小孩将成为晋国的君主，后来果然应验了梦中之人的预言。晋成公故有"黑臀公子"的雅号。

秦汉时期韦诞开创制墨

　　秦汉时期，是墨发展历史上的一个重要时期。以松烟墨的大量流行及韦诞制墨秘方的出现为标志，我国古代制墨工艺经历了一个大的变革而进入了成熟时期。

■具有花鸟画的墨块

文房四宝

纸笔墨砚及文化内涵

古代墨汁壶

曹子建（192年—232年），曹植，字子建，三国曹魏著名的文学家，"建安文学"的代表人物。魏武帝曹操之子，魏文帝曹丕之弟，他文学上的造诣与曹操、曹丕合称为"三曹"，他在我国文学史上堪称"仙才"。其代表作有《洛神赋》《白马篇》《七哀诗》等。

这时出现的松烟墨，就是用松木烧出的烟灰，再拌之以漆、胶制成，其质量远远要胜过石墨。

秦汉时期油烟墨的制法是，将易燃的烛心，放在装满了油的锅里燃烧，锅上盖好铁盖或呈漏斗形的铁罩。等到铁盖或漏斗上布满烟炱，即可刮下来，集中到臼里，加入树胶，混合搅拌，使其成稠糊状。然后将成稠糊状的墨团，用手捏制成一定的形状，或放到模具里，模压制成具有一定形状的墨锭。

松烟墨的制法则是通过燃烧松木来获取松烟粉末，然后与丁香、麝香、干漆和胶加工制成。

三国时期学者曹子建曾经写诗道："墨出青松烟，笔出狡兔翰"，是说墨是松烟制作的。可见松烟墨应用之广。

秦汉时期的墨还没有制成锭，而只是作成小圆块，它不能用手直接拿着研，必须用研石压着来磨，这种小圆块的墨又叫墨丸。这时之所以制成小丸状，是因为用胶不多，加上胶的质量不是很高，很难把墨丸做得大。

这一时期，墨的制作工艺也有所发展，出现了具有一定硬度和形状的墨锭，以隃糜即今陕西千阳制墨最为有名。

东汉时的人们发明了墨模，墨的形式趋于规整，从小圆块改进成墨锭，它经压模、出模等工序制成，可以直接用手拿着研磨。由丸状变化为块状，这与当时用胶配方的改进也有很大的关系。

关于块状墨的记载，最初见于东汉学者应劭的《汉官仪》，这类墨的实物曾在河南陕县刘家渠东汉墓出土。

汉代的墨很珍贵，一般人很难得到。当时的松烟墨有个缺点，就是非常不容易保存。因为墨是动物胶加工调合成形的，而动物胶容易受潮生霉，失去黏合性能，墨的形体便由此自行损坏。

汉代制墨业已初具规模，出现了一批名墨工和名

缣帛 我国古代用来记录知识的丝织品。一般称为帛书，也有人称为缯书；因其色白，故又称之为素书。缣帛文献约起源于春秋时代，盛行于两汉，与简牍以及其后的纸并存了很长一段时期。缣帛柔软轻便，幅面宽广，宜于画图，这些都是简牍所不具备的优点。

■古代铜墨盒

墨产地。当时的一位名墨工田真擅长制墨，很受后人称道。

名墨产地主要集中在扶风、隃糜、延州等地。汉代宫廷设置掌管笔、墨、纸以及封泥的专职官员。

东汉隃糜地区有大片松林，盛行烧烟制墨，墨的质量很好。据汉代古籍说："尚书令、仆、丞、郎"等官员，每月可得"隃糜大墨一枚，小墨一枚"。

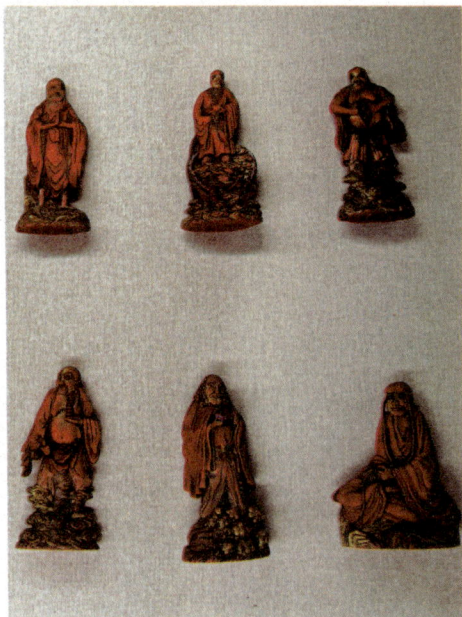
罗汉型墨块

因此，古人诗文中，称墨为"隃糜"。后世制墨者，用"古隃糜"作墨名，以表示其所制之墨，历史悠久，墨质精良。

到了魏晋南北朝时期，松烟墨的生产已走向全面成熟。魏初在汉代烧松取烟制墨的基础上，全面改进生产工艺和配料，极大地提高了松烟墨的品质。

著名书法家韦诞为松烟墨的改良做出了重要贡献。韦诞的制墨法是：

> 以好醇松烟干捣，以细绢筛于缸中，筛去草芥。烟一斤以上，好胶五两，浸梣皮汁中。可下去黄鸡子白五枚，亦以真珠一两，麝香一两。皆别治细筛，都合调下铁臼中，宁刚不宜泽，捣三万杵，多亦善。

韦诞（179年—253年），字仲将，擅长各种书体，三国魏书法家、制墨家，太仆韦端之子，官至侍中。韦诞师张芝，兼学邯郸淳的书法。他能书各种书法，尤其精通题署匾额。韦诞的书法特点是如龙盘虎踞、剑拔弩张，对后世书法影响很大。

从这段记述中可以看出，东汉时期的制墨工艺，已包括去杂、配料、舂捣、合墨等工序。其中，"去杂"是筛去制墨原料"烟灰"中的杂物，使其成匀细粉末状；配料，是把筛过的烟炱与胶、朱砂、麝香、涔皮等胶和辅料，按配方要求匹配混合。

舂捣，是把配好的料置于铁臼中进行舂捣，舂捣次数不能少于3万下，越多越好；合墨，即将舂捣过的墨泥，按要求制成成品墨。

制墨时间要求在每年的二月和九月，此时天气不冷不热，是合墨的最佳时机，因为天热了墨容易变质发臭，天冷了墨块不易干燥。

韦诞首开以贵重药物制墨先河。除了陕西隃糜墨和江南松烟墨外，南北朝时期河北易州出产的"易墨"亦崭露头角，引人注目。

易水流域生长着大片优质的古松，墨工利用当地

朱砂 又称辰砂、丹砂、赤丹、汞沙，古称丹，是国画中的重要颜料。在东汉之后，为寻求长生不老药而兴起的炼丹术，使国人逐渐开始运用化学方法生产朱砂。朱砂的粉末呈红色，可以经久不褪。我国利用朱砂作颜料已经有非常悠久的历史。

■古代制墨工具

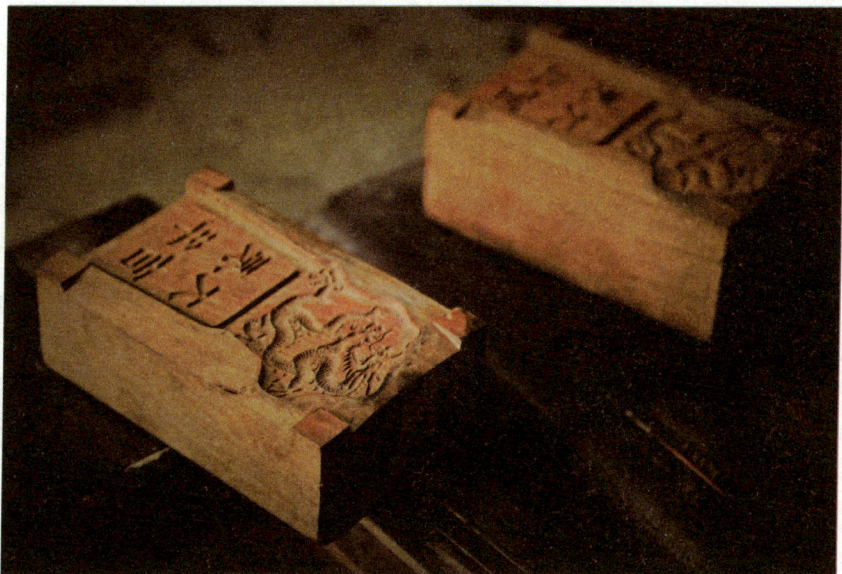

得天独厚的自然条件生产出质量上乘的佳墨，深受大江南北书法家的欢迎。

易墨成了北方墨的代表，易水墨工在全国制墨行业中享有很高知名度，代表人物是北朝易州奚氏家族。东汉以后，出现了模制的墨锭，墨质坚实，形制规则，尺寸增大，已经可以用手直接执之研磨。

进入魏晋时期，比如江西南昌附近东晋墓所出黑色扁条状墨块，已长达5.5厘米，宽4.1厘米，厚2厘米，两端切平，与后世的墨已无大差别。

再比如江苏江宁东晋墓发现的一件黑墨，残块仍有4.8厘米，完全能够直接用手执来研磨。

我国古代用墨，秦朝以前，以墨粉合水而用，秦汉始成墨丸、墨挺，后汉用墨模压制成各种形状。模压制墨一直延续至今。

自汉魏韦诞始，1700余年，制墨名家辈出，品式繁多，技艺精湛。可是因多年散失，能保留下来的已经是凤毛麟角、弥足珍贵了。

阅读链接

汉代的隃麋就是现在的陕西千阳，此地以制墨而闻名，故隃麋成为古墨的代称，名"隃麋墨"。后来晋代女书法家卫夫人所著《笔陈图》中说："其墨取庐山之松烟代郡之鹿角胶10年以上强如石者为之。"

随着制墨技术的发展，到了汉魏时期，墨丸已经非常普及。这一时期的人们用墨非常考究。当时人们制墨不仅讲究墨烟，还讲究用胶，甚至还要放入珍珠、麝香等药物，以增强墨的光泽颜色，除祛异味令其有香气。

唐代奚氏的精湛制墨

　　隋唐时期，制墨更加受到人们的重视，政府专门设官办制墨厂。当时有一个叫祖敏的墨官，最为著名，他制的墨，名闻天下。

　　祖敏研究朝鲜进贡的松烟墨的制作经验，多方取材配方，采用古松烟与鹿角胶煎膏和成制墨的方法，制出来的墨质量好，享誉天下。

　　唐代制墨已有多种颜色。据史书《唐书·韦述传》记载，韦述家中藏书宏富，全都是经他亲自校点，"黄墨精谨，内秘书不逮也。"

朝鲜烟墨

百佛图墨块

文房四宝

纸笔墨砚及文化内涵

徽墨 徽州墨，徽墨是我国制墨技艺中的一朵奇葩，也是闻名中外的"文房四宝"之一。因产于徽州府得名。它是书画家至爱至赖的信物。徽州制墨的肇始时间当不迟于唐，它是书画家至爱至赖的信物。古人曾云："有佳墨者，犹如名将之有良马也。"

黄墨，是用雌黄研细加胶合制的墨，多用于修改文稿或者点校图书。朱墨更是被当时徽州居民制墨家传户习，广泛使用，它是用朱砂研细加胶而成，但容易褪色。

唐末五代由于战乱频繁，大量北方墨工纷纷南迁，制墨中心也随之转移。此后，徽墨雄踞天下，在制墨业中占据主导地位。

墨模在唐代的制墨业中逐渐地普及。墨的烟料捣杵原来尽用人力，因为人的握力有限，所以墨模便应运而生。墨模的压力大，因此而制成的墨质坚实而耐用。

同时，由于墨模的出现，墨的形状也越来越丰富多彩。在江苏丹徒的南朝墓葬中，曾出土一锭扁圆柱体墨，长3厘米，宽4.2厘米，厚1.9厘米，墨色纯黑，质坚硬，据分析可能是用模压制成的。当时地方政府每年要向朝廷进贡龙凤墨四斤，史称"贡墨"。

唐代制墨业空前兴盛，制作益精，名匠辈出，制墨中心从陕西地区扩大到山西、河北，其中以河北易州最有名。唐代有专门制墨的著名墨工，如祖敏、奚鼐、奚超等人。唐末乃至历代各朝中最负盛名的制墨大师是奚超。

奚超是河北易州人。唐代末年，奚超至歙州，见歙地多黄山松、且质优，新安江流域的水质又好，故留此重操旧业。其子奚廷珪更是有心，见当地穆姓墨工所制之墨颇具特色，便虚心求教、潜心揣摩。

奚超潜心钻研，总想研制出"一点为漆"的墨，可是只因他年龄大了，已是力不从心，他便把希望寄托在儿子奚廷圭身上。

奚廷圭年轻自信，他认为父亲的那套制墨技术太落后了，于是他就另起炉灶，开始了自己的制墨研究。他念了两年私塾，会舞文弄墨，很得当地乡绅王水才的儿子王白的欣赏，奚廷圭与王白是好朋友。

王白因为祖坟地之争与邻近一乡绅汪永财要打官司，他找来奚廷圭出主意。奚廷圭听说朋友要打官司，说自己愿意免费提供他研制的最好的"一点为漆"之墨写诉状。王白听后甚喜，连声说："好、好，现在你就给我磨墨写，告汪永财。"

067

翰墨春秋

古墨

贡墨 贡墨分为两种，一为按旧制征贡；一为朝中大臣、封疆官吏为了得宠于君王，嘱墨家制以进呈供皇帝书写之用。南唐时出现了朝中大臣嘱制墨家造墨进呈皇帝的贡墨。清代，每年按春贡、万寿贡、年贡进呈徽墨。

■制墨原料

文房四宝之徽墨

第二天，王白把状子送到了县衙，知县宣布三日后开审。开审这天，奚廷圭早早来到了县衙听审，一会汪永财和王白父子才来到。

"升堂！"知县大人惊堂木一拍："王白告王水才一案现在开审！"

王白立即说道："知县大人，你是否看错了呢？是王白告汪永财，不是王水才……"

知县大人细细一看，扬起状纸说："什么，告汪永财？请问，这可是你送给我的诉状啊！"

王白连连点头。知县大人又说："那就请你过来看看，是本县我看错了还是你写错了？"

王白一看，果真写的是王水才，他简直不敢相信，这突如其来的变化，让他顿时束手无策，这岂不成了儿子告父亲了啊！王白立即对知县大人拱手作揖说："知县大人，你说我怎么会告我的父亲呢？"

"在我这公堂上，妻告夫、子告父的多的是。你看正堂上那四个子：'明镜高悬'。王白你大义灭亲，伸张正义，这是好事啊！本县应该支持才是。"

汪永财连忙说："是啊是啊……"

"快审、快审！"堂下看热闹的人也起哄地喊。奚廷圭对王白摇头摆手，王白明白了，说说："知县大人，我不告了，不告了！"

"不告了，你是说撤诉状？"知县大人问。

“是是是、撤撤撤……”王白立即跟知县大人和堂上堂下的人行礼磕头。

知县大人惊堂木一拍，大声说道：“你戏弄本官，本县暂且不究，可此案你要撤了，以后就不许再告。退堂！”

一场官司就这样莫名其妙地结束了。从衙门出来，王白立刻问奚廷圭是怎么回事。奚廷圭说那天他是亲眼看见写的，他也不知道怎么回事，莫非是有人暗中把名字改过了？

王白说：“状纸上看不出有改过的痕迹啊！”

回到家，王白要奚廷圭照先前写的状纸再重写一张，然后把状纸高挂在墙上，面对状纸久久地思索着，突然，他明白过来了，就对奚廷圭说：“这是有人动了手脚，你看，把‘汪’的三点、‘永’字的头、‘财’字的‘贝’字边去掉，不就成了‘王水才’3个字了？”

奚廷圭简直惊愕不已，他想了想说：“就算汪永财与知县大人串通好了，可这墨笔字怎么会去得一点痕迹也没有呢？”

“拿水来！”王白立马吩咐人端来一盆水，他用一支毛笔蘸满水轻轻地对着那纸上的“汪永财”3个字的头和边小心洗刷，不一会儿，“王水才”3个字就清晰地显露出来了。

事情一目了然，气得王白把笔往盆中一摔说：“奚廷圭！这就是你研制的‘一点为漆’？这样一洗就没有了半点痕迹，你这还叫什么‘一点为漆’之墨？真

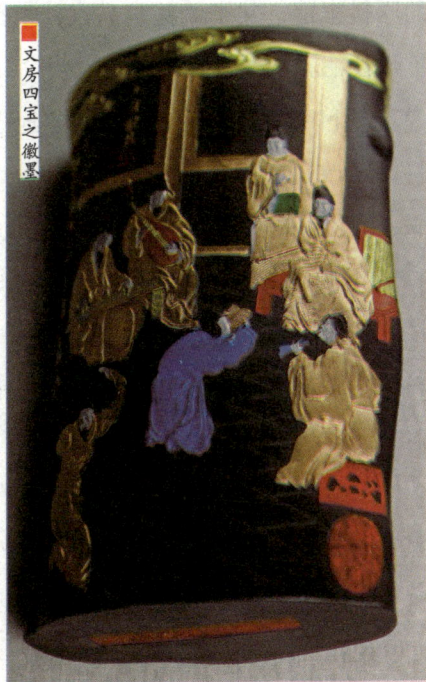
文房四宝之徽墨

文房四宝之徽墨

是气死我也！"

奚廷圭一看此番情景，顿时哑口无言，颜面扫地，他连连给王白和他父亲陪不是，觉得太对不起王白了。奚廷圭怕遭众人耻笑，就决定全家南迁。

临走时，奚廷圭来王白家辞行，他拉着王白说："我这一去，就不会再回来了，不过请你相信，'一点为漆'之墨，我一定要研制下去，请静候我佳音！"

奚廷圭同父亲来到安徽黄山，见这一带山上松林茂密，烧烟制墨的原料丰富，父子俩甚是高兴，于是决定就在这里安下家来，这里属歙州管辖。

安下家后，奚廷圭踏踏实实地潜心钻研，他利用这里的古松为原料，又改进了捣松、和胶等技术，终于研制出了丰肌腻理、光泽如漆、经久不褪、香味浓郁的"一点为漆"之墨。

研制出此墨后，奚廷圭立即给远在易水的王白以书信报喜。王白接到奚廷圭书信后，立马决定南游一趟。王白来到歙州，让他大开眼界的是歙州城内各种笔墨纸砚的店铺比比皆是，街道上一片繁荣，可谓是文房四宝之都了。

王白行至一湖边时，见一泼皮在戏弄一小姐，王白上前把那泼皮顺势往旁边一推，泼皮却撞到了石墩上，当时就头破血流。

王白连忙催小姐快走。小姐离去时，从身上取下一块玉佩递给王白，说："谢谢救命之恩，我姓李，有事来金陵府找我。"

纸笔墨砚及文化内涵

第二天，王白找到了奚廷圭住处，把遇见泼皮的事说了出来。奚廷圭听后说道："我刚从歙州城回来，现在到处张榜缉拿凶手，听说那泼皮死了。那泼皮在歙州是出了名的，谁也不敢惹他，泼皮父母把这事告到了官府，官府正到处抓你呢！"

"这可怎么办？"王白也急了，他在屋里转来转去，当他走到奚廷圭书桌前，看见桌上的砚台里有磨的墨时，他顿时计上心来，大声说："有了有了！"

王白说完，用手把砚台里的墨就胡乱地往自己脸上抹去，瞬间工夫，王白完全变成了一个黑脸人。就这样，王白凭着这一张黑脸，便逃过了这一劫。

住了些日子，奚廷圭与王白饱览了黄山风景。王白又决定到金陵去看看，金陵当时是南唐的首府所在地。王白到了金陵，到处却找不到客栈，他正疑惑时，见前面一门楼灯火通明，他便走了过去，原来这里正是金陵府。

王白在欣赏金陵府时，被守卒抓去了。他想起了曾经救过的李小姐的话，就把玉佩亮了出来，说："我是来金陵府见李小姐的。"

文房四宝之徽墨

文房四宝之徽墨

　　守卒马上通报上去，不一会，王白被传进了宫内。走进宫里，王白看到李小姐和侍从们正在迎他，小姐说："你到底是何人？怎么变成这般模样呢？"

　　王白知道自己抹了黑脸，就说出了事情的前前后后。李小姐知道真相后，赶忙叫人端来清水让王白洗脸。原来，这李小姐正是南唐后主李煜之女。

　　李小姐让王白立即去见父皇，哪知王白脸上抹的墨怎么也洗不掉。李小姐又让侍女拿最好的洗涤用品给王白又洗又擦，但王白一脸黑墨还是除不去。

　　李煜来了，他问明了原委，知道王白的黑脸是因为墨汁涂得而洗之不去时，他惊道："还有这等事……这墨真是好墨、好墨呀！没想到在我南唐，出了这等好墨，那真是'一点为漆'呀！"

　　"是是是！"王白连连点头。

　　李煜又问："这墨是何人所制？"

“歙州奚廷圭。”

“此墨不仅‘一点为漆’，而且他脸上至今还留有墨的馨香，不信，公主你过来闻闻。”李煜说。

李小姐一闻，果然如此。

李煜立即下旨：“传奚廷圭进宫！”

奚廷圭进宫后，朝廷上下大夸其墨是真正的“一点为漆”，而且还留有悠悠馨香。李煜即刻令奚廷圭为南唐的墨务官，并赐给“国姓”的奖励。于是，奚氏全家一变而为李氏，奚廷圭就成了李廷圭，也成了一代墨家宗师。

王白也因救了李小姐，就留在了宫中帮助奚廷圭料理墨务，那张黑脸就成了李墨的金字招牌，人们是有口皆碑。

到了后来宋宣和年间，就出现了“黄金易得，李墨难求”的局面。后来，歙州更名为徽州，李墨及其他各家之墨，遂统一改名为徽墨。徽墨之名，就这样形成了，徽墨传奇，也在百姓中广泛传开了。

原来，奚超父子改进了捣烟、和胶的方法，形成了一整套操作规

文房四宝之徽墨

程，所造之墨在品质上超过了易州墨，被人誉为"拈来轻、嗅来馨、磨来清"，"丰肌腻理、光泽如漆"的佳墨。

奚氏全家一变而为李氏，成为千古美谈。从此李墨名满天下，其墨被誉为"天下第一品"。李墨"其坚如玉，其纹如犀"。

据记载，北宋书法家、文字学家徐铉，幼时曾得一锭李墨，与其弟徐锴共同研磨习字，"日写五千"，整整用了十年。更令人赞美的是，磨过的墨，其边有刃，兄弟俩还常用它来裁纸。

■ 王勃雕塑

徐铉（916年—991年），宋初文学家、书法家。字鼎臣，广陵（即现在的江苏扬州）人。历官五代吴校书郎、南唐知制诰、翰林学士、吏部尚书，后随李煜归宋，官至散骑常侍，世称徐骑省。曾受诏校定《说文解字》。工于书，好李斯小篆。与弟徐锴有文名，号称"二徐"；又与韩熙载齐名，江东谓之"韩徐"。

可见，李墨除了配料精良，在制作时是尤重捶打砸实，故其墨耐磨耐用，能裁纸。据史书《新唐书》记载：

祥符中，治昭应宫，用廷珪墨为染饰，有贵族尝误遗一丸于池中。逾年临池饮，又坠一金器，乃令善水者取之，并得墨，光色不变，表里如新。

可见，李墨之质地确实有异于常墨。李廷珪之弟廷宽，廷宽之子承晏，承晏之子文用及孙惟庆，也业墨，都是名墨工。惟庆还任过墨务官。自李廷珪被李煜封官赐姓后，徽州的墨工更重制墨技艺，因而历代都产生过一批批著名的墨工。

唐代文学家诗人王勃的代表作《滕王阁序》读起来文理清晰、朗朗上口。据说王勃应邀为人作碑文颂词时有一个习惯，即总是先磨好墨水数升，然后拉上被子蒙头而卧。过一会儿，便一跃而起，笔不加点，一气呵成。当时人们把王勃这种做法叫作打腹稿。

为什么他能打腹稿呢？有人说王勃少年时曾梦见有人向他赠墨满袖，腹中装满了墨水，所以他就能在肚子里打腹稿。

这个传说赋予墨以神奇的力量，这一方面反映了人们对于能够用来书写文字的墨的一种崇拜，另一方面也反映出人们的文化心理。

墨作为中国画的载体，使我国文人画家找到了抒情达意、畅神写意的本质要素。墨在远古尚黑意识上建立五行色中的"黑"，不可单纯地将其当作一种颜色来对待，因为它既暗合了老子"五色令人目盲"和"无为也尊，朴素而天下莫能与之争美"的论点，又与儒家所倡导的"绘事后素"、反对雕饰之风的审美理想相表里。

水墨山水画在唐代兴起的内在根源，与当时文人画家的处境与心理需求相切合，"诗古禅心"使墨的表现更具文人境界。

阅读链接

在唐末，奚超后人南迁安徽歙县。此后，歙县制墨高手纷纷涌现，如耿氏、张遇、潘谷、吴滋、戴彦衡等，徽州墨业进入第一个鼎盛期。奚廷圭被南唐后主李煜任命为皇家的墨务官，赐姓李，故后世又称李廷圭。

李廷圭所制之墨香味浓郁光泽如漆，当时就与黄金等价。宋时已成为文林珍宝，已有"黄金易得李墨难求"的感叹了。宋人何薳著《墨记》、晁贯之著《墨经》出现了制墨的专著，对后世制墨有很大影响。

宋元时期的制墨与墨礼

　　北宋王朝的建立，结束了五代十国的分裂局面，国家得到了统一。经过一段时期的休养生息，经济文化又重新繁荣起来。

　　宋代帝王重视文治，全国各地书院林立，科举考试制度得到完善，印刷技术的突飞猛进出现了一个文化高潮，有力地促进了制墨业的发展。

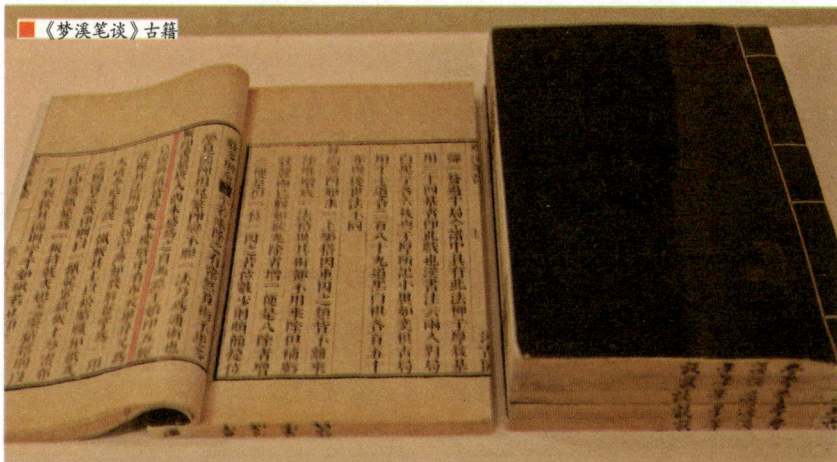
《梦溪笔谈》古籍

宋代制墨业十分繁荣，主要表现在3个方面：一是宋代油烟墨的创立，开辟了我国制墨业的新领域；二是制墨从业人员众多，名家辈出；三是宋墨在原料配制、艺术加工、种类品质上均较前大为提高和拓展。

制墨主要以松烟为原料，由于常年累月取古松烧烟，致使宋代松林被砍伐殆尽。宋代科学家沈括在他的科学巨著《梦溪笔谈》中说：

正在描字的墨块

今齐、鲁间松林尽矣，渐至太行、京西、江南、松山大半皆童矣。

面对松树大量砍伐墨源严重枯竭，沈括提出石油烧烟的科学见解。他说："石油至多，生于地下无穷，不若松木有时而竭。"

在松木资源大量减少，用墨需求又大量增加的情况下，寻求新的制墨原料已迫在眉睫，于是一种新的制墨原料油烟应运而生。

宋代制墨名家见诸史册的多达100余人，张遇、潘谷、吴滋、戴彦衡、沈珪、叶茂实最具代表性，他们在选料、配方、烧制、用胶、捣杵等工艺方面都有独到之处，为后人留下了丰富制墨范例。

《梦溪笔谈》

北宋科学家、政治家沈括撰写的，是一部笔记体百科全书式著作，内容涉及天文、数学、物理、化学、生物等各个门类学科，其价值非凡。书中的自然科学部分，总结了我国古代、特别是北宋时期科学成就。被世人称为"中国科学史上里程碑"。

■ 制作完成的礼品墨

张遇，歙县人，他是宋代油烟墨的创始者，以制"供御墨"而闻名于世，他制的墨因加入了麝香、金箔而称为"龙香剂"，其配方一直相传下来，成为墨中极品。"张墨"为历代收藏家追求的瑰宝。其子张谷、孙张处厚都是一代名墨工。

潘谷也是宋代有名的制墨大师。据宋代古籍记载，在相国寺每月五次开放时，"赵文秀笔及潘谷墨"，经常是文人争购的对象，所以当时收藏潘谷墨的人很多。宋陈师道撰《后山谈丛》称道："香彻肌骨，磨研至尽，而香不败。"

潘谷不但精于制墨，而且善于辨墨，凡墨只要经过他手一摸，便知精粗。宋代学者何薳在他所著的《墨记》中说，有一次黄山谷将自己所藏之墨请潘谷鉴定，他把墨囊一触，便告诉山谷说，这是李承晏的软剂，如今已经很少了。潘谷又拿出一囊说，此谷20

年前造者，今精力不及，无此墨也。黄山谷取出一看，果然如此。

潘谷在制墨上的贡献是巨大的，然而在封建社会，这位技艺高超的墨工。据当地地方志记载："宋时徽州每年进贡佳墨千斤。"

潘谷之佳墨，则"墨成不敢用，进入蓬莱宫"，被列为贡品送到宫中，作为封建王公贵族的欣赏品。虽然一代墨仙所创之墨早已不见，但从徽墨之发展亦能看到潘谷的贡献。

吴磁所造之墨的妙处在于"淬不留砚"，他曾经得到宋孝宗犒赏缗钱两万的奖励。沈桂以松脂、漆淬烧得极黑的烟，名为漆烟，人称其墨"十年如石，一点如漆"。他是漆烟墨的创始者。

在宋代，达官贵人及文人墨客与制墨工匠交往密切，互磋技艺，在制墨史上传为佳话。宋徽宗在书法绘画方面颇有天赋，他创造的"瘦金体"书法名传千古，他喜欢墨懂墨，还亲自实践制墨。

据后来明代学者屠隆在他所著的《考槃余事》中记载，宋徽宗曾经采用烧苏合油取烟制墨，50克的墨价值黄金500克，由于配料昂贵，制作方法独特，别人难以仿制，故被称作"墨妖"。

北宋的大文豪苏轼也是一位制墨爱好者，此外如秦少游、陆游、黄庭坚等文人也都有制墨的经历。

宋代科举文人蜡像

宋代由于科举制度的发展和书画艺术的繁荣，文人学士对墨的需求量更为扩大。这也刺激了制墨的发展，墨的生产以徽墨为龙头，范围不断增大。

宋徽宗宣和年间，歙州更名徽州，辖歙、休、婺、祁门、绩溪、婺源6县，制墨业形成了家传户习的盛况，自此，墨便统称徽墨。徽州成为当时我国的制墨中心，徽墨也成为了墨中之精品，誉满天下。

宋墨在原料配制、艺术加工、种类品质上均较前大为提高和拓展。宋朝墨分两派，一是加龙麝助香的，一是不用香料的。潘谷、张遇属香墨派，王迪则主张不加香料的，保持墨的自然气息，因为他认为不加香料，墨也有天然的龙麝香气。

油烟墨的制作在宋代已经出现，据明罗颀《物原》中说：奚廷珪做油烟墨。油烟墨的产生绝非偶然，它与松烟制墨大量砍伐松树造成资源的匮乏有一定的关系。石油烟作墨是宋代科技的一大奇迹，从某种意义上讲，它也应该属于油烟墨的一类。

自宋以后，名墨逐渐成为文人书案上的陈设、欣赏品，要求墨质精良，而且追求形式与装饰美观，这就促使墨形成了一种工艺美术门类，成为人们珍藏的艺术品。

宋代大诗人苏东坡有"墨

■ 苏轼蜡像

成不敢用，进入蓬莱宫"的诗句，正是这种风气的写照。这种玩墨鉴赏之风，至明嘉靖、万历时期更加盛行，并开始出现了成组成套的丛墨，墨的装饰图案，更是千变万化，已达到纷然不可胜识的地步。

《听琴图》局部

这种丛墨注重形式变化多样，图案装饰新颖，也讲究外部装潢。一般用墨漆描金匣储存，也有用金丝楠木或乌木做匣的，造型精巧，保存和携带安全方便，还有用木制成手卷式盒，表面用锦缎装裱。一边连接小幅书画，类同书画卷轴一般，非常别致。

鉴赏墨如故宫收藏的西湖十景十色墨，色彩各异，墨的形式富于变化，一面为阴文楷书填金，西湖十景十色七言律诗，一面浮起诗中所咏西湖十景图画。

画面的构图，以极简练的手法刻画出主题的基本特征，艺术地再现了杭州西湖的美丽景色，形象地反映出200多年前，西湖十景的历史风貌，是较好的鉴赏墨。

这一套墨为色墨。是绘画用的颜料，有红、黄、青、绿、蓝、棕、白等色，多为天然色料配制，色彩纯净艳丽，不易褪色。

虽然早期色墨不多见，但从唐宋的绘画中，可以看到颜料的精美与华丽，宋人《金碧山水图》，画面以青、绿色彩为主，间施以金描绘出秀丽苍翠的山川，巍峨宏伟的殿阁，展现出辉煌壮丽的自然图景，突出了色彩的美丽。

宋徽宗赵佶的《听琴图》，色彩柔和艳丽，人物传神，更显出色彩的美妙，这些在纸、绢上的色彩，已历经了八九百年，及至上千年历史沧桑，仍然保持着夺目的光彩，充分显示了这些彩色墨制造精良，是古代鉴赏墨的佳品。

到了元代，制墨业没有什么特别的发展，但还能维持宋代的余风，保持原来的成就。因此，元代制墨业远不如宋代，传统制墨地区徽州也只能勉强维持。

元代的墨工中比较著名的有朱万初、陶得和、潘云谷等人。元代制墨是以朱万初为代表，他取墨材为摧朽之松300年不坏者，所制烟煤极佳。

元代各朝帝王重视具有特殊技艺的工匠。元文宗时期的著名墨工朱万初就和当时朝中名士虞集交游极深，并且因为所进墨"大称旨，得禄食艺文之馆"，一年后竟然"以年劳恩赏，出佐帅幕南海，转承东阳"。有了奎章阁学士的誉扬和当朝皇帝的赏识，朱万初成为元代最负盛名的墨工也成为必然。

文房四宝

纸笔墨砚及文化内涵

阅读链接

在宋代文人关于墨的笔记中，可以经常看到鉴别墨的方法，比如要求多看实物，多记实物，通过实物与文献资料相互印证，看后加以思考，善于比较分析，善于发现问题。多看实物可以对某一名家名作的墨质、题识、图案、墨品、风度认识更加熟悉。

另外，许多宋代墨学文献资料，都表现出了宋代各派的墨品及风度的特点。通过对墨品的了解，即使在没有年款的情况也可以鉴定出是哪些名家墨品，这就要求宋代文人要有鉴墨的本领。

明清时期的发达制墨业

明代中期以后，随着资本主义商品经济的萌芽，墨进入了商品流通领域，制墨家为了争夺市场挖空心思，频出新招，所制墨千姿百态，异彩纷呈。出现了我国制墨史上的一个高峰，以罗小华、程君房、方于鲁、邵格之为领军人物。

这时期，徽墨不仅质量精良，而且墨的图式、墨印的雕刻，也各尽其美，达到历史的新高。如程君房制的"玄元灵气"墨，明代书画家董其昌赞赏说：

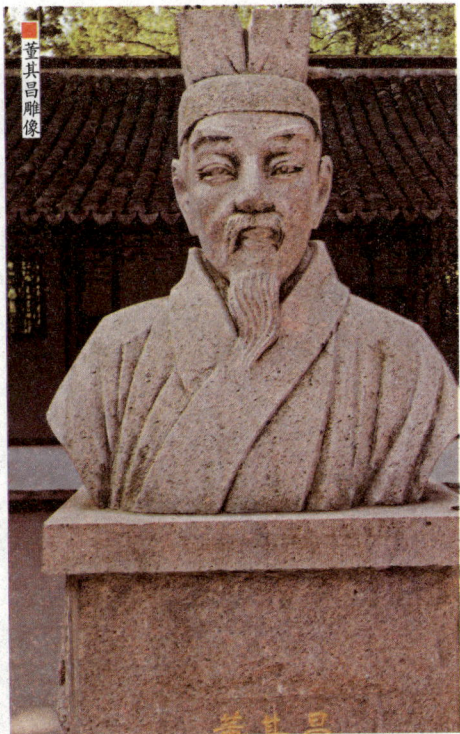

董其昌雕像

螺甸 是一种手工艺品。用螺狮壳或贝壳镶嵌在漆器、硬木家具或雕镂器物的表面，做成各种有光泽的花纹和图形。被广泛应用于漆器、家具、乐器、屏风、盒匣、盒碟、木雕以及有关的工艺品上。也叫螺钿、螺填、罗钿、钿螺、钿螺，它是我国特有的艺术瑰宝。

百年之后，无君房而有君房之墨；千年之后，无君房之墨而有君房之名。

与程君房同时驰名墨坛的当推方于鲁。方氏精制了一种"九玄三极墨"，被誉为"前无古人"的佳品，声誉已经"传九州，达两都，列东壁，陈尚方"。

在此期间，富有装饰性的成套丛墨集锦墨也开始出现。装墨的墨盒也非常精致，有楠木、红木等珍贵材料制作的木匣，还有螺甸镶嵌的漆匣。各种制墨的专著也纷纷涌现。

当时制墨业中心在整个徽州地区，出现了"徽人家传户习"的制墨景象。松烟、油烟墨并举，特别是

■徽墨四星报喜

"桐油烟"与"漆油"的制墨工艺广为运用，油烟墨的生产达到历史上的最高水平。

竞争促使了徽墨的发展，尤其是印版的雕刻、墨品的装潢，或为名家绘图、或为高手刻版、或为巧手制盒，把制墨业推向一个新的高峰、辉煌的时代，使徽墨超越了文房用品的范围。

明代很多著名的画家参与了墨式的绘图，著名的刻工参与了墨印的雕刻，其中画家有丁云鹏、吴廷羽、俞仲康等人；雕刻家有黄镛、黄应泰、黄应道、黄德时、黄德懋等人。这样，到了明正德嘉靖年间，徽墨便形成了歙、休、婺三大派。

■ 叶玄卿制作的名墨

歙派，因地处徽州府府治所在地歙县，历朝贡墨、达官显贵用墨几乎为其包揽，产品端庄儒雅，烟细胶清，重香料、重包装。其代表人物为罗小华、程君房、方于鲁、方瑞生等。

休派的产品则雅俗共赏，墨品华丽精致，多套墨、丛墨，墨面重彩饰，深受文人墨客的喜爱。其代表人物为汪中山、邵格之、叶玄卿、吴去尘等。

婺派则属于普及型墨。婺源人，尤其是詹姓墨工，利用当地盛产松烟的优势，所制墨品大众化，价格低廉，深受百姓与学子的欢迎。因婺墨不见重于文

《程氏墨苑》是明代万历年间雕印的一部墨谱。书中收入名家刻绘的墨样共519种，墨形有圆形、方形、长方形、圭形等式样，全书内容丰富，包括山川景物、草木禽兽、佛道祥瑞等珍贵的图案资料，是我国古代不可多得的珍贵墨谱。

■ 瑶池祝寿图

人墨客，故绝少记载。其代表人物主要为詹姓墨工，其中有詹华山、詹文生等。

三大派各以自己的优势，分摊了墨业市场的份额，各得其所。明墨不仅以质取胜，而且还以精美的墨式著称于世。《程氏墨苑》《方氏墨谱》《墨海》，既是研究墨史的重要史料，也是明代版画艺术的杰作。

明代制墨工艺上有新的发展，墨的配方和品质更加受到重视，墨的质量有很大的提高，墨品更为坚细，锋可裁纸。

明代到清代前期是徽墨生产的盛世，明代和清代好墨主要出在徽州。江西等地也有造墨的，但远不及徽州。

明清时期，墨模图案的绘制和漆匣的装潢制作，都达到了登峰造极的境界。当时的墨模一般多采用坚细空心的石楠木，也有用棠梨树和杞树的。

有关明代制墨家的记载有明末学者麻三衡在他所著的《墨志·系氏》一章里所记的100多余家，明末学者万寿祺《墨表》记载的30余家。清代造墨家多于明代，但文字记录没有明墨多。

墨模的制作，由专家亲自操刀雕刻，运用线刻、浮雕及圆雕等多种技法，着力表现各种山水、人物、龙凤等图案文字。图案往往延请书画名家绘制，如明代的万寿祺、丁云鹏、吴左干等，有的则是模仿前代名家的作品。

图案须先在墨模大小的竹纸上绘出，然后将图拓印于墨板上，随后以类似木刻的过程雕刻。不过，墨模雕刻的难度很大，因为这是反刻，而且底部也要平滑。为了能圆满地表达各派艺术家不同的风格，在刀法、刻线上或遒劲，或秀润，或粗犷，或细巧，各具姿态。

明代墨模一般深厚有力，清代墨模则柔妍精细，安徽省博物馆保存的清代《御制锯园图》《御制西湖名胜图》《御制柿花图》《御制四库文阁诗》及《新安大好山水》等墨模，雕刻精细，是清代墨模工艺的代表作。

清代，是徽墨的又一个新时期，这时出现了曹素功、汪近圣、江节庵、胡开文等四大墨王，并有"天下之墨推歙州，歙州之墨推曹氏"之说。

万寿祺 （1603年—1652年），明末清初文学家、书画家。字年少，又字介若、内景，入清衣僧服，改名慧寿，又名明志道人、寿道人、寿若、若若，世称年少先生，江苏徐州人。为人风流倜傥，工书画，精于六书，癖嗜印章，辑有《沙门慧寿印谱》一册，对后世影响较大。

087

翰墨春秋

古墨

■ 御制山水楼阁扇形墨

康熙 清圣祖仁皇帝爱新觉罗·玄烨的年号。亦代指康熙皇帝。从公元1661年开始到1722年。康的意思是安宁，熙的意思是兴盛，取自于民康宁、天下熙盛的意思。清圣祖是我国统一的多民族国家的捍卫者，奠定了清朝兴盛的根基，开创出康乾盛世的大好局面。

曹素功凭借明末著名制墨家吴叔大的墨模制墨，改玄粟斋为艺粟斋，创制了紫玉光、天琛、千秋光、天瑞及集锦墨豹囊丛赏等名贵墨，走上了徽墨之冠的宝座。

汪近圣原系曹素功家的墨工，后在徽州府城开设鉴古斋墨肆，他的墨雕之工，装饰之巧，可称双美。汪节庵是歙派制墨业代表人物，擅长集锦墨。

四大墨王中最后一位是胡开文，是徽墨休宁派制墨业的后起之秀。原店在休宁，1728年在安徽海阳、屯溪两处开设墨肆，由他的长子、次子主事。

1864年，胡开文的四世孙在芜湖创设"沅记胡开文"。光绪年间，胡开文的五世孙胡祥均在上海开设

■ 吴天章制作的墨锭

"广户氏胡开文"。后来，胡氏后裔又在歙县、杭州、广州等十多座城市分设墨店。至清末，胡氏墨风靡神州，行销世界，胡开文的代表作是苍佩室墨。

此外，清代知名的制墨家还有歙派的程正路、吴守默、方密庵、巴慰祖、程瑶田等，休宁派的吴天章、胡星聚、程怡甫等，他们对清代墨业的盛世都各有一番贡献。

比如清代康熙年间的1696年所制的《耕织图》、1765年所制《棉花图》，无论仿造、改造，我们都可以断定1696年以前没有《耕织图》墨品，1765年以前没有《棉花图》墨品。

另外避讳也对墨有影响，封建社会有国讳与家讳之说。国讳是避皇帝与孔子的名字，家讳是避自己祖先的名字。

避讳对于明清两代墨的鉴别尤为重要。在明清两代制墨中品名常用玄字，清代康熙皇帝名玄烨，因而"玄"字避讳，或改写元，或缺写一笔，明清两代凡有"玄"字的墨，如不是仿造假品，就应该是康熙以前的作品。

由于明清两代书画受各流派的影响，其风格有所不同。因为书画

《棉花图》

风格的不同，其墨模雕刻技巧、手法，显然有时代的区分。

　　明代的书法多遒劲，雕刻手法为了表达遒劲，刀法则需要深厚，才能显示字体雄健。清代书法多秀润，雕刻手法必须掌握精秀润细的刀法，才能表达柔丽清雅，绘画与书法完全一致，因之明清两代雕刻墨模的技巧，以明清两代书画不同的风格，而形成两大流派。

　　明代墨模，其刀法多深厚有力，清代墨模，其刀法多柔研精细。之所以不同，是因为书法绘画风格不同所致。这样对鉴别明清两代名墨，就可掌握内涵。

阅读链接

　　在明清时期，墨得到了很大进步，人们也发明出了墨汁。由于研磨时，墨要保持平正，要重按轻推，圈大力匀，平稳而缓慢，其过程复杂而费时，于是，人们便开始广泛使用墨汁。

　　墨汁墨湿而再干则易碎裂，这样可在墨外裹上一两层纸。用时不污手指也可保护墨不碎裂。平时练字为了方便多用墨汁。墨汁过浓，可倒出少许与清水在砚中调和。注意不要往墨汁瓶中加水，那会使墨汁中的胶质腐坏发臭。

纸是我国古代科学技术的"四大发明"之一，它与指南针，火药，印刷术一起，给我国古代文化的繁荣提供了物质技术的基础。纸张的发明，结束了古代简牍繁复的历史，极大地方便了信息的储存和交流，对于促进古代文化的传播与发展，推动世界文明的发展具有划时代的意义。

　　在纸张品类之中，宣纸是国画艺术家们直接运用的重要材料之一。其历史悠久，技艺精湛，早在唐代就已经被列为"贡品"，被历代誉为"纸寿千年、墨韵万变"而名扬四海。

一纸千金

纸张

蔡伦造纸与早期发展

蔡伦画像

我国东汉永元年间，皇宫里有个内务总管叫蔡伦，他非常聪明，是桂阳人，他进京城洛阳的皇宫里当了太监，汉章帝刘炟时，升为小黄门、中常侍，后又兼任尚方令。蔡伦先是掌管皇宫内院事务，后来成为监制各种御用器物的皇家工场的负责人。

平时，蔡伦看皇上每日批阅大量简牍帛书，劳神费力，就时时想着能制造一种更简便廉价的书写材料，让天下的文书都变得轻便，易于使用。

有一天，蔡伦带着几名小太监出城游玩，他们来到了离城不远的缑氏县陈河谷，也就是凤凰谷。蔡伦只

见溪水清澈，两岸树茂草丰、鸟语花香，景色十分宜人。正赏景间，蔡伦忽见溪水中积聚了一簇枯枝，上面挂浮着一层薄薄的白色絮状物，不由得眼睛一亮。他蹲下身去，用树枝挑起细看，只见这东西扯扯挂挂，犹如丝绵。

■ 古代制作纸张用的芒麻

蔡伦想到工场里制作丝绸时，茧丝漂洗完后，总有一些残絮遗留在篾席上。篾席晾干后，那上面就附着一层由残絮交织成的薄片，揭下来，写字十分方便。蔡伦想，溪中这东西和那残絮十分相似，也不知是什么物件，就命小太监找来河旁农夫询问。

农夫说："这是涨河时冲下来的树皮、烂麻，扭一块儿了，又冲又泡，又沤又晒，就成了这烂絮！"

"这是什么树皮？"蔡伦急切地问。

"那不，岸上的构树呗！"

蔡伦望去，满眼绿色，脸上漾起笑意。

几天后，蔡伦率领几名皇室作坊中的技工来到

丝绸 是以桑蚕丝为原料织造的纺织品。我国古代劳动人民从长期的劳动实践中，发明了养蚕、缫丝、织绸的技术，给人类的物质文明做出了伟大的贡献。我国秦汉时期"丝绸之路"的开通，使我国的丝绸不断大批地运往国外，我国被称为"丝国"。

一纸千金 纸张

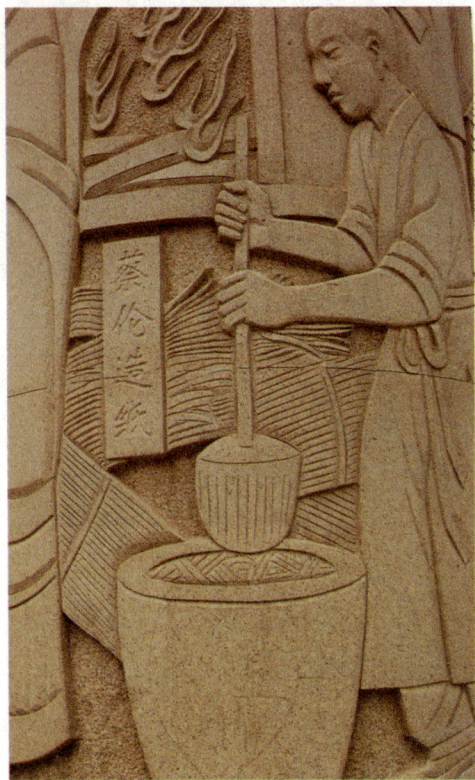

■ 蔡伦造纸石雕

汉和帝（79年—105年），即刘肇。他是东汉第四位皇帝，谥号为孝和皇帝，庙号穆宗。汉和帝从亲理政事开始，每天早起临朝，深夜批阅奏章，从不荒怠政事，从他亲政的所作所为看，尚不失为一个有为的君主。汉和帝一朝，曾多次平定过少数民族的叛乱。

这里，利用丰富的水源和树木，开始了试制。剥树皮、捣碎、泡烂，再加入沤松的麻缕，制成稀浆，用竹篾捞出薄薄一层晾干，揭下，便造出了最初的纸。

经过试用，蔡伦发现纸容易破烂，又将破布、烂鱼网捣碎，将制丝时遗留的残絮，掺进浆中，再制成的纸便不容易扯破了。为了加快制纸进度，蔡伦又指挥大家盖起了烘焙房，湿纸上墙烘干，不仅干得快，且纸张平整，大家心里乐开了花。

蔡伦挑选出规正的纸张，献给和帝。和帝试用后龙颜大悦，当天就驾幸陈河谷造纸作坊，看了造纸过程，回宫后重赏蔡伦，并诏告天下，推广造纸技术。

蔡伦的纸越造越好，能厚能薄，质细有韧性，兼有简牍价廉、缣帛平滑的优点，而无竹木笨重、丝帛昂贵的缺点。汉和帝的皇后邓太后见蔡伦的纸有这些优点，真是利国利民，就在东汉元初年间的114年，高兴地封蔡伦为"龙亭侯"，赐地300户，不久又加封为"长乐太仆"。人们把这种新的书写材料称作"蔡侯纸"。

"蔡侯纸"名声大了，造纸的地方自然也有了名气，人们便把马涧河的这一段称作了"造纸河"。这是我国民间流传的蔡伦造纸的故事。

据《后汉书》记载，东汉蔡伦用树皮、麻头、破布、渔网造纸。这是史籍关于造纸术的最早记载，因此人们认定纸就是东汉蔡伦的发明。

其实，我国的先秦时期，是没有纸的，文字记录在竹简上，只有皇帝、贵族才有资格把文字写在帛上面，其他大量的东西记录在竹简、木简上。

从出土的文物看，一个简只能写几个字，而当时的车都是牛车或者马车，所以每辆车能装的简很少。这就是为什么古文都非常精炼，每个字锱铢必较，因为无论是鼎还是简，多记录一个字都是非常麻烦的。

到了西汉时期，我国已造出了植物纤维纸。1933年，在新疆罗布淖尔西汉亭燧遗址据同时出土的纪年简考证，马圈湾纸为西汉宣帝元康至甘露年间之遗物。我国考古学家黄文弼发现了一片西汉古纸，人们称之为罗布淖尔纸，属西汉中后期产，纸面存有麻筋。

我国目前发现最早的纸，是后来人们在西安灞桥一座公元前2世纪的西汉墓葬里发现并命名的"灞桥纸"。在这座

蔡伦雕像

096

文房四宝

纸笔墨砚及文化内涵

墓葬里发现的这叠纸，经揭剥分成八十多片，鉴定表明，它是世界上最早的植物纤维纸。

其实，在蔡伦造纸之前，我国劳动人民还发明了一种"丝如纸"，在甘肃居廷金关汉代亭燧故址出土了古纸，人称金关纸，属西汉晚期，该纸内尚存麻筋及线头、麻布的残留物。

在陕西扶风中颜村西汉窖藏出土古纸，称中颜村纸，属西汉中期产，纸内含有较多的麻类纤维束及未打散的麻绳头。

甘肃天水放马滩西汉早期墓出土古纸，称放马滩纸，造纸原料亦为麻类，该纸残片纸面平整光滑，纸上有用细墨线勾画的山川道路图形，是目前所发现的世界上最早的一张纸地图。

上述几种西汉纸比蔡伦所造之纸分别早100年到300年左右。总的看来，在蔡伦造纸之前，这些纸质地还较粗糙，结构也较为松散，制造技术明显处于初级阶段。

阅读链接

东汉"蔡侯纸"的问世，同我国古代的其他发明创造一样，并不单单是某个人的发明。在西汉时期，植物纤维纸为蔡伦造纸打下了基础。蔡伦对造纸术进行了总结和改进，不仅扩大了造纸原料，更重要的是，他对纸的推广普及，做出了重大贡献。

造纸术是我国古代最辉煌的"四大发明"之一，是我国古代劳动人民勤劳智慧的象征，而蔡伦由于对造纸术做出了卓越的贡献，也成了家喻户晓的古代发明家。

东汉的宣纸与左伯纸

宣纸是我国独特的手工艺品，产于安徽省泾县。泾县古属宣州，所产之纸因地名而称为"宣纸"。在泾县，流传着一个美妙动人的故事。

东汉末年，蔡伦去世以后，他的徒弟孔丹在泾县以造纸为业。他

古代造纸工具

文房四宝

纸笔墨砚及文化内涵

宣州 古代州郡名称，为今安徽宣城及芜湖等地。宣州自秦代初期正式置县，始名"爰陵"，汉代初期改称"宛陵"，隋代易名"宣城"，自古以来均为历代郡、州、府、行署和市驻地。宣州因产宣纸而闻名全国。

一直想造一种精良的白纸，为其师父画像，以表缅怀之情。他踏遍青山寻找理想的原料，年复一年，终未如愿。一天，孔丹来到宣州府，他踏着泥泞的小路，在蒙蒙的雨丝中，继续向前行走。

突然，孔丹觉得眼睛一亮，在灰色的山雾中发现沟边溪水里似乎有一片雪白的东西。孔丹三步并作两步地赶过去，他弯腰细看："哦，原来是一些树枝掉进山沟里，被长年不断的潺潺溪水浸泡，天长日久，腐烂变白了。"

孔丹迟疑了一会儿，一连串的问号在他的脑海中浮起：这是什么树？这是什么水？这是什么地方？他决定在宣州留居下来，他上山打柴，搭盖草屋，又向周围的樵夫、乡亲们请教。

流水似年，一晃3年过去了。孔丹终于弄清楚了这种四季生长的常绿树，名叫青檀。青檀树是当地的特产，别处极少生长。青檀的纤维柔软、细长，特别适合造纸。

这山中溪水也不同于一般溪水，其水质清澈见底，通过怪石嶙峋的山洞，蜿蜒流出，再分成两股而去。一股水适合制浆，另一股水利于制作抄纸。这是大自然巧妙安排，可以说是得天独厚。

孔丹经过多年不懈努力，他利用青檀树皮为原料，精心加工，先在溪水中分散开纤维，然后在水中捞起纤维，交织于竹帘上，再压榨，烘干，从而制成了质量上乘的好纸。

后来，因为孔丹发明的这种纸只有宣州才有，所以人们都称这种纸为"宣纸"。宣纸中有一种名叫"四尺丹"的品种，就是为了纪念孔丹的，一直传了下来。

在数千年文化艺术发展长河中，宣纸传承历史，弘扬艺术，传播文明，共同展示出千年不朽的东方艺

青檀树 我国重要树种。产地宣州，是做宣纸的重要材料。树皮呈长片状剥落。叶卵形或椭圆状卵形，基部三出脉。青檀树属榆科，翼朴属，其材质坚韧，纹理细密，耐腐耐水浸，是园艺、室内装饰等的珍贵树种。

一纸千金

■国宝宣纸

皖南 指安徽长江以南地区，包括芜湖、马鞍山、铜陵、宣城、池州、徽州6市。其中，芜湖不含无为县及原和县沈巷镇，马鞍山不含和县、含山县。皖南地形以山地丘陵为主。皖南是安徽省重要的经济、文化和旅游中心，历史悠久。

术风采，放射出灿烂耀眼的文化艺术光芒，形成了具有我国特色的"艺术奇葩"和"文化瑰宝"。

宣纸主要采用于皖南特产的青檀树枝，古代人们用青檀树枝的韧皮为原料，并利用自然山溪泉水加工精制而成。一般宣纸从原料到成品需要一年多时间，经18道工序，100多道操作过程缓和处理而成。

宣纸由于其得天独厚、条件优越、加工精细等特点，因此，其产品优良、质地绵韧、颜色白雅、风蚀日晒、光泽经久不变、不蛀不腐，是我国历代书画家蓄意追求、百般迷恋的艺术珍宝。

宣纸不仅有很高的实用价值，而且有很高艺术价值，它是我国工艺美术产品中一颗民族艺术珍品，除直接用于国画外，凡有珍藏价值的书画艺术品用它印刷，可以长久保存。

此外，宣纸还用于国画装潢裱托、水印篆刻、仿

■ 作画用的宣纸

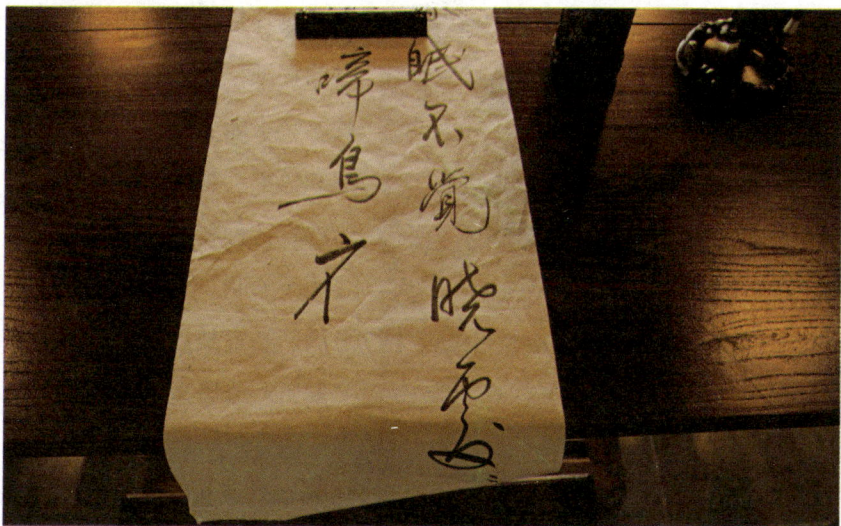
■ 质量上乘的宣纸

古碑帖、民间剪纸、折叠扇面等方面，其效果尤为幽雅、纹理美观、性能坚韧、挫折无损、经久耐藏、防虫避蛀，易于保管。

因此，宣纸是确保国画保存、传播、传世、创新和发展的唯一绝佳纸张，是华民族的宝贵文化遗产，素以"文房之宝、艺术之光"而著称于世。

如果按照纸面洇墨程度来分类的话，宣纸可以分为生宣、半熟宣和熟宣等。生宣吸水性和沁水性都很强，容易产生丰富的墨韵变化，能很好运动泼墨法和积墨法，能产生墨晕浑厚的艺术效果。一般国画中的写意山水画多用生宣。生宣作画虽然多有墨趣，但是需要画家落笔即定，水墨渗沁迅速，不容易掌握。

生宣吸水力强，跟纱的吸水性相似，如果用淡墨水画时，墨水容易渗入和化开。用浓墨水画则相对容易。所以画家在创作国画时，需要掌握好墨的浓淡程度，这样才可以得心应手运用好宣纸。

篆刻 又称玺印，是我国一门与书法密切结合的传统艺术，因为印章多用篆文刻成，所以叫篆刻。篆刻是书法、章法、刀法三者完美的结合，既要有豪壮飘逸的书法笔意，又要有优美悦目的绘画构图，还得有能雕刻出生动神韵的刀法。

一纸千金 纸张

纸笔墨砚及文化内涵

熟宣是加工时用明矾等涂过的宣纸，所以纸质较生宣更硬，吸水能力弱，使得使用时墨和色不会很快洇散开来。因为熟宣这种特性，使得熟宣大多用于绘制工笔画而非水墨写意画。熟宣缺点是久藏会出现"漏矾"或脆裂。

熟宣也可以再进行加工，如珊瑚、云母笺、冷金、酒金、蜡生金花螺纹和桃红虎皮等各种国画宣纸都是由熟宣再加工的宣纸。

■ 煮檀足火

半熟宣是从生宣加工而成，其吸水能力介乎生宣熟宣之间，半熟宣种类很多，"玉版宣"就是半宣纸中有名的一类。

在东汉时期，除了宣纸之外，还有一种叫作左伯纸的麻纸，也广泛用于文房之中。

东汉初年，政治稳定，思想文化十分活跃，对传播工具的需求旺盛，纸作为新的书写材料应运而生。

东汉著名文学家许慎在其所著的《说文解字》中认为，纸是丝絮在水中经打击而留在床席上的薄片。这种薄片可能是最原始的"纸"，有人把这种"纸"称为"赫蹄"。

这可能是纸发明的一个前奏，关于这种"纸"的记载，可以追溯到西汉成帝元延年间的公元前12年。

纱 是将棉、毛、麻等纤维拉长加捻纺成的细缕，古代通常用作织布的原材料。也指一些轻薄的纺织品。一般要经过清花、梳棉、并条、粗纱和细纱等主要工序，是高档服装的原材料。

其实从远古到秦汉时期，我们的先人就已经懂得养蚕、缫丝。秦汉之际以次茧作丝绵的手工业十分普及，韩信在未发迹之前"乞食漂母"的漂母，大概就是以此为生的。

这种处理次茧的方法称为漂絮法，操作时的基本要点包括反复捶打，以捣碎蚕衣。这一技术后来发展成为造纸中的打浆。

此外，借助竹器沥干丝缕也是此法的一个重要步骤，它是造纸中抄纸的原型。我国古代常用石灰水或草木灰水为丝麻脱胶，这种技术也给造纸中为植物纤维脱胶以启示。纸张就是借助这些技术发展起来的。

后来，人们在陕西长安灞桥出土的古纸经过科学分析鉴定，为西汉麻纸，年代不晚于公元前118年。

1973年在甘肃居延肩水金关发现了不晚于公元前52年的两块麻纸。经过蔡伦对造纸技术的改进和推广，东汉造纸业日益发展，汉末时期出现一些著名造纸工匠，其中，佼佼者当首推左伯，所造之纸称左伯纸。

左伯，字子邑，东莱掖地人，东汉"左伯纸"的创造者。左伯自幼勤奋好学，善于思考，是当时有名的学者和书法家，他在精研书法的实践中，感到蔡侯纸，就是蔡伦造的

■ 古代舂纸器

■ 古代丝绵纸制作

纸质量可以进一步提高。

　　左伯与当时的学者毛弘等人一起研究西汉以来的造纸技艺，总结蔡伦造纸的经验，改进造纸工艺。是用树皮、麻头、碎布等为原料，用新工艺造的纸，左伯改进的纸光亮整洁，适于书写，使用价值更高，深受当时文人的欢迎，被称为"左伯纸"或称"子邑纸"，与张芝笔、韦诞墨并称为文房"三大名品"。

　　南朝竟陵王萧子良给人写信时，他称赞"子邑之纸，研妙辉光"。精于书法的汉代史学家蔡邕则"每每作书，非左伯纸不妄下笔"，足见"左伯纸"声誉之高。

　　东汉后期已较多地用纸书写文字，当时官府习惯用纸书写文告，库存颇多，有专人负责其事。史书中也有用纸抄录文稿的记载。

　　还有，考古学家们在考古活动中曾多次发现东汉纸，在新疆发现的东汉末年纸，上面写有诗文，又在甘肃敦煌发现用墨书写的东汉信纸。

　　人们还在甘肃兰州伏龙坪东汉墓出土古纸，纸上

长安 西安的古称，从西周到唐代先后有13个王朝及政权建都在长安，总计建都时间1077年，是我国历史上历时最长，建都时间最早，朝代最多的古都。同时，它也是我国历史上影响力最大的都城，是中华文明的发扬地、中华民族的摇篮、中华文化的杰出代表。

104
文房四宝
纸笔墨砚及文化内涵

墨书文字，字体在楷隶之间，字数较多，可辨识的有8个字。上面提到的古纸，除了民丰纸因污染严重一时难辨外，其他五纸均写有字，或为诗文，或为信函，或记有其他内容。出土的实物也可以证明东汉后期已较多地用纸写字。

东汉、三国、西晋的墓中，不断出土竹简、木牍，表明当时还处在纸简并用阶段。纸简并用说明，一方面，当时纸的产量还不能完全满足人们的需要，另一方面，是人们用简牍的习惯需要一个较长的过程才能改掉。

在2和3世纪时，"左伯纸"与"张芝笔""韦诞墨"齐名，为当时的人们，尤其是书法家所爱用。

据史书《后汉书·蔡琰传》记载，曹操欲使十吏就蔡琰写书，蔡琰"乞给纸笔，真、草唯命。于是缮书送之，文无遗误。"

曹操、蔡邕父女和左伯都是同时代人，曹操命蔡琰写字用的纸或许就是左伯纸之类的加工纸。由于有了纸，所以这时写字就不再用帛和简了。

在麻纸技术的基础上，根据文献记载，东汉时还用树皮纤维造纸。树皮纸的出现，是东汉造纸技术史上一项重要的技术革命。它为纸的制造开辟了一个新的更广泛的原料来源，促进了纸的产量和质量的提升。

阅读链接

在东汉时期，造纸业发展，宣纸的制作工艺日趋精湛。东汉宣纸是纸中精品，对后世纸张的发展产生了深远影响。清代中期的玉版宣，就是在早期宣纸的基础上发展起来的一种纸。

这种类型的宣纸由生宣加工而成，吸水能力界乎生宣、熟宣之间，在制作工艺上，除施胶、加矾、加蜡、染色、印花、洒金银等技术，人们还采用拱花的印刷方法，制造出各种工艺精美的笺纸。是清代官廷高档贡品宣纸。

魏晋南北朝时纸的推广

魏晋南北朝时期，从汉代发展起来的造纸术在这一时期进入发展阶段，同汉代相比，在产量、质量或加工等方面都有提高，原料不断扩大，造纸设备得到更新，出现新的工艺技术，产纸区域和纸的传播也越来越广，造纸名工辈出。

到了晋代，人们使用简牍的情况发生了根本性的变化。晋代人已经能够造出大量洁白平滑而又方正的纸，人们就不再使用昂贵的缣帛和笨重的简牍来书写了。

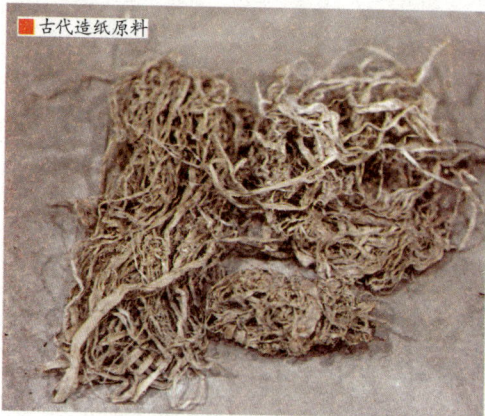
古代造纸原料

晋代造纸业中，还出现了用横帘、竖帘捞纸的方法。帘床由可舒卷的竹编条帘、框架以及边柱组成，可随时拆装，而且长短自由。

用帘床抄纸，产品薄而均匀，又可减少工时。这一技术被沿用，甚至欧洲一些国家在18世纪至19世纪造纸使用的长网结构，也是由此发展而来。

这一时期还采用了纸的施胶技术。如后秦施胶纸，在纸的表面均匀地涂一层淀粉糊剂，再以细石研光，以此来增加纸的强度及抗水性能。这种加工纸结构紧密、表面平滑，可塑性、抗湿性、不透水性都较好，有利于书写、绘画。

类似的加工纸还有一种涂布纸，即将矿物粉或淀粉或其他胶粘剂均匀地涂在纸上，用以增加纸的平滑度与洁白度。据新疆出土的前凉文书判断，涂布纸可能是在4世纪前半期出现的。

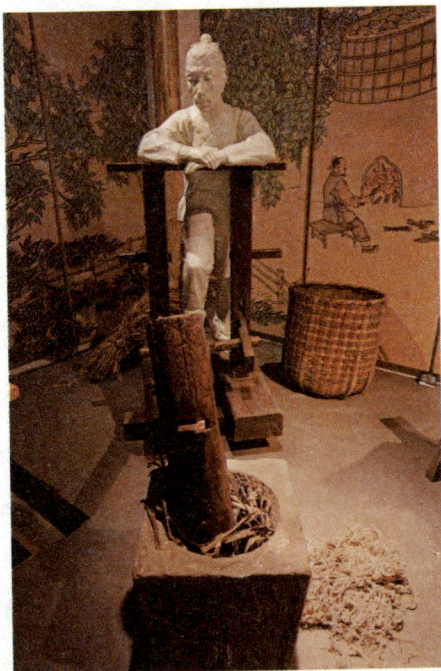
■ 正在制作纸张的工人塑像

晋代纸的加工和染色，称为潢，是用黄檗为染剂，染出的纸呈黄色，故又叫黄纸。晋时染潢有两种方式，或者是先写后潢，或者是先潢后写。

关于染潢所用的染料，古书中也有明确记载。黄纸不仅为士人写字著书所用，也为官府用以书写文书。后来各博物馆和图书馆收藏的魏晋南北朝写经纸中，有不少是染潢纸。这种风气后来到隋唐时期尤其盛行。

魏晋南北朝时期，人们喜欢用黄纸的原因有几点：一是黄柏中含有生物大碱，既是染料，又是杀虫

造纸术 我国"四大发明"之一，是人类文明史上的一项杰出的发明。我国是世界上最早养蚕织丝的国家。汉族劳动人民以上等蚕茧抽丝织绸，篾席上的残絮便积成一层纤维薄片，经晾干之后剥离下来，可用于书写，这便是造纸术的由来。

防蛀剂。能延长纸的寿命，同时还有一种清香气味。

二是按照古代的五行说，金木水火土五行对应于五方中的中央和五色中的黄，黄是五色中的正色，所以古时凡神圣、庄重的物品常饰以黄色，重要典籍、文书也取黄色。

三是黄色不刺眼，可长期阅读而不伤目。如有笔误，可用雌黄涂后再写，便于校勘。这种情况在敦煌莫高窟石室写经中确有实物可证。

造纸术的改进使造纸原料也随之扩大，许多植物纤维都可以用于造纸。苔纸、剡纸都是当时的名纸。所谓苔纸，是以水草做原料，因其纹路侧斜，又称侧理纸。剡纸是以剡县所产的野藤为原料生产的。

除传统的麻类植物外，当时还用桑皮、楮皮造纸，出现了桑皮纸等，这实质上开了皮纸制造的先河。不过，这一时期的纸以麻类纤维纸为主。

由汉至唐近1000多年间传世的书法绘画作品，绝大多数用的是麻纸。著名书法家王羲之、陆机等人都以麻纸挥毫，陆机的书法真迹《平复帖》就是在白麻纸上书写的，并流传到后来。

当时，人们还用纸作画，后来考古学家在新疆吐鲁番阿斯塔那出土的《地主生活图》，纵47厘米，横106.5厘米，就是在6张纸相接的一张大纸上绘成的。这可能是最早

■ 古法制作的黄纸

的纸本画卷。

当时的人们也在纸上写经，敦煌千佛洞就曾发现大量的这一时期的纸本手抄经文。官方用纸书写各类文书，在吐鲁番阿斯塔那曾发现了若干唐代和十六国时期的纸本文书。

魏晋南北朝时期除用纸抄写"经史子集"书及公私文件外，佛教、道教的兴起也耗去大量的纸。敦煌石室所出这时期经卷多为佛经。

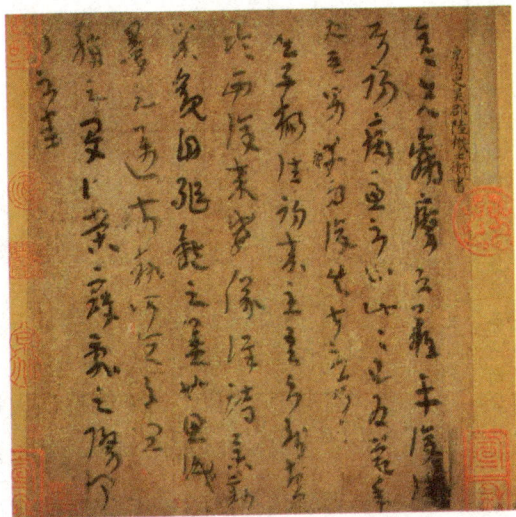
■《平复帖》真迹

其所耗纸量可能比抄写非宗教著作还多，这时南北各地，包括少数民族地区，都建立官私纸坊，就地取材造纸。北方以长安、洛阳、山西、山东、河北等地为中心，生产麻纸、楮皮纸、桑皮纸。

魏晋南北朝时造纸术的进步及纸的质量的提高，还可从当时文人咏纸的诗赋中看出。晋代文学家傅咸在他所著的《纸赋》中写道：

夫其为物，厥美可珍。廉方有则，体洁性真。含章蕴藻，实好斯文。取彼之弊，以为己新。揽之则舒，舍之则卷。可屈可伸，能幽能显。

这是说，麻纸由破布做成，但洁白受墨，物美价

莫高窟 俗称"千佛洞"，在河西走廊西端的敦煌，它以精美的壁画和塑像闻名于世。始建于十六国的前秦时期，历经十六国、北朝、隋、唐、五代、西夏、元等历代的兴建，形成巨大的规模，是世界上现存规模最大、内容最丰富的佛教圣地。

萧绎（508年—554年），即梁元帝，字世诚，小字七符，自号金楼子，南兰陵人。南北朝时期梁代皇帝。梁武帝萧衍第七子，梁简文帝萧纲之弟。他善画佛画、鹿鹤、景物写生，技巧全面，尤其善于画域外人的形貌。传世的《职贡图》是北宋年间的摹本。

廉，写成书后可以舒卷。

南朝梁人萧绎对这一时期的纸张质量也大加称赞，曾写《咏纸》诗道：

皎白犹霜雪，方正若布棋。
宣情且记事，宁同鱼网时。

晋代，由于能造出大量洁白平滑而方正的纸，人们就无须再用昂贵的缣帛和笨重的简牍，逐步习惯于用纸书写，最后彻底淘汰了简牍。

东晋末年，有的执政者已明令用纸作为正式书写材料，凡朝廷奏议不得用简牍，一律以纸为之。如权臣桓玄废晋安帝而自称为帝，改国号为楚，随即下令曰："今诸用简者，皆以黄纸代之。"

考古发掘表明，西晋墓葬或遗址中所出文书虽多用纸，然仍时而有简出土，但东晋以降，便不再出现简牍文书，而全是用纸了。过去用简牍书写时是将一片片简用皮条或绳扎起，连成一长串，然后再卷成一

■ 古代经卷残页

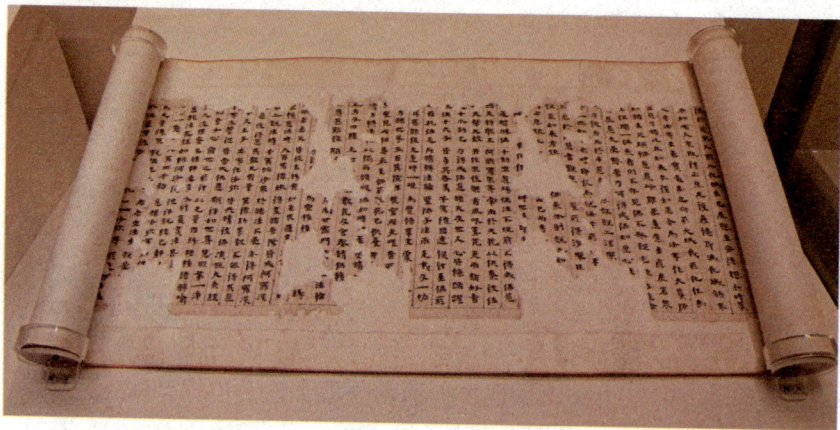

造纸工具水碓

大捆。

　　用纸书写时则将一张张纸用糨糊粘接起来，用小木轴卷起成为书卷，这样一卷纸本书就可容下几大捆简册所容之字，轻便实用，从而引起书籍形式的演变。过去用简册写成的一本书需两个人抬起，这样便可以轻松地放在衣袋中随手展卷。

　　魏晋南北朝时期，纸在我国社会的普遍使用，有力地促进了书籍文献资料的增加和科学文化的传播。

阅读链接

　　东晋时期，江南也发展了造纸生产，浙江绍兴、安徽南部、建业、扬州、广州等地也成了南方造纸中心，纸种与北方相同。但是浙江剡溪沿岸又成为藤纸中心。由于纸工在生产中积累了先进经验，结果名纸屡现。除左伯纸外，张永纸也名重一时。

　　张永为南朝刘宋时人，他造的纸比皇家纸槽中出的纸还要好。张永除造本色纸外，还生产各种色纸，除使用单一原料外，有时还将树皮纤维与麻纤维原料混合制浆造纸。

唐代纸张的丰富种类

隋唐五代时期，我国古代封建文化高度发展，造纸技术亦相应提高。对造纸原料处理增强沤泡措施，然后用碱水蒸煮，能比较好地清除胶质。臼捣原料也更加精细，加大了纤维的分散度，经搅拌后，纤维交结紧密而且均匀，故纸的质量又比以前提高。

早在唐代，成都产麻纸已冠绝天下。浣花溪边，集中了近百家造纸作坊。唐代，蜀纸乃是皇家贡品，尤其是成都麻纸，被指定为朝廷公务专用纸。唐末王公贵胄写诗作画，都花费重金从成都购买蜀纸。

成都纸家深刻影响了我国的造纸业。据史书《新唐书·地理志》的记载，唐代贡纸的地方很多，有常州、

制作宣纸的工人

杭州、越州、婺州、衢州、宣州、歙州、池州、江州、信州、衡州等。

■ 打浆的工人

古纸以原料分5类：以麻为主料制成的麻纸；以青檀皮、桑皮、楮皮等原料制的皮纸；竹纸；混合多种原料制浆纸；用废旧纸加新料为浆的还魂纸。成都麻纸最佳，有白麻纸、黄麻纸、桑麻纸、麻布纹纸。

唐人李肇《翰林志》说：朝廷的诏令、章奏等各种文书均用白麻纸；抚慰军旅，则用黄麻纸。

《唐六典》记载：中央图书馆集贤院所藏古今图书共125961卷，"皆以益州麻纸写"。

《新唐书·艺文志》还记载：朝廷每月耗费"蜀郡麻纸五千番。"

《新唐书》所说的进贡的纸类也很多，如益州黄白麻纸，杭州、婺州、衢州、越州的细黄状纸，均州大模纸，宣州、衢州案纸、次纸，蒲州细薄白纸。

浣花溪 成都一处小溪，因为诗人杜甫而闻名，杜诗中的浣花溪已成千古绝唱，"两个黄鹂鸣翠柳，一行白鹭上青天。窗含西岭千秋雪，门泊东吴万里船。"杜甫的《茅屋为秋风所破歌》便成文于此。这里除了含蓄婉约的景致之外，浣花溪的背景是悠远的文化，诠释它的是一首首优美的诗。

造纸过程中的抄制

关于蜀纸还有一个关于书法家柳公权救宫嫔的故事，该故事记载在五代时期王定保的《唐摭言》中。

故事说书法家柳公权在做京官时，一次皇上迁怒于一位宫嫔，柳公权为宫嫔求情。

皇上看了一眼柳公权，将视线移向几案上的几十幅蜀纸说："如果你能在蜀纸上写一首诗，朕就宽恕她。"

柳公权思索片刻，写道：

不忿前时忤主恩，已甘寂寞守长门。
今朝却得君王顾，重入椒房拭泪痕。

皇帝看后大悦，将蜀纸和锦彩200匹赐给柳公权，又命宫嫔上前拜谢。

柳公权以诗救宫嫔的故事，从侧面说明，唐朝皇帝十分珍爱蜀纸，也反映出成都造纸业在唐朝便进入空前繁荣时期。

玄宗、僖宗入蜀避难，大批官吏和文人涌入成都，加上成都是雕版印刷术的发源地，从而形成繁荣的文化出版市场，纸的需求大增，进一步推动了成都纸业的向前发展。作为古代高科技的造纸业，蜀地已经领先全国，占据着不可替代的中心位置。

除常用的麻纸、皮纸外，唐代又用竹料来造纸。当时，不断创新造纸工艺，生产出众多名纸，如施胶纸、蜡质涂布纸、金花纸、水纹纸、宣纸等。

在唐代所造纸中，硬黄纸也是非常有名的。唐代人在前代染黄纸的基础上，又在纸上均匀涂蜡，使纸具有光泽莹润，艳美的优点，人称硬黄纸。纸质半透明可用于书画作品摹本的制作。

除硬黄纸外，云蓝纸也很有名气，据说此纸为唐

几案 长桌子，也泛指桌子。人们常把几和案并称，是因为二者在形式和用途上难以划出截然不同的界限，"几"是古代人们坐时依凭的家具，"案"是人们进食、读书写字时使用的家具，其形式早已具备，而几案的名称则是后来才有的。

一纸千金

纸张

■ 古法造纸技术

韩愈（768年—824年），字退之，唐代著名文学家、哲学家、思想家、政治家。世称韩昌黎，晚年任吏部侍郎，又称韩吏部，谥号"文"，又称韩文公，唐宋八大家之一。后人对韩愈评价颇高，明人推他为唐宋八大家之首，与柳宗元并称"韩柳"，有"文章巨公"和"百代文宗"之名，作品都收在《昌黎先生集》里。

代著名志怪小说家段成式所造，质地均佳，时人极为推崇。

唐代文学家韩愈在《毛颖传》中还谈到会稽所产的另外一种纸，他幽默地称这种纸为"会稽楮先生"。这种纸实际上是用楮树皮为原料制成的纸。

江苏六合地区还有产一种纸叫"六合纸"，这种纸也早用麻和树皮制成，实际上早在唐代以前就有生产，这种纸的性能据宋代米芾《十纸说》中记载是相当不错的，他说："唐人浆褙六合慢麻纸书经，明透岁久，水濡不入。"藏于日本书遵博物馆的郭煌写经卷中，三国蜀高贵乡公甘露元年有写本《譬喻经》，就是用这种纸写的。

中唐以后，造纸术有了新的发展，出现了经过专门加工处理过的"彩笺纸"，特别著名的是产于蜀郡蠡州，也就是四川成都浣花溪畔的"眸涛笺"因女诗

■ 古代硬黄纸

■ 古法造纸技术

人薛涛创制而得名，是蜀笺纸中的上品。以后，"蜀笺"一直不断发展直到现在，当然古代的"蜀笺"已很难见到了。

水纹纸是唐代名纸，又名"花帘纸"。这种纸迎光看时能显示除帘纹外的透亮的线纹或图案，目的在于增添纸的潜在美。

水纹纸的制作方法有二：其一是在纸帘上用线编纹理或图案，出于帘面，抄纸时此处浆薄，故纹理透亮而呈现于纸上；其二是将雕有纹理或图案的木制或其他材料制的模子，用强子压在纸面上，犹如现在通用的证卷纸，货币纸的水印纹。

对宣纸的记载最早见于《历代名画记》《新唐书》等。宣纸闻名始于唐代，唐书画评论家张彦远的《历代名画记》写到："好事家宜置宣纸百幅，用法蜡之，以备摹写。"说明唐代已把宣纸用于书画了。

蜡 起源于隋唐。相传药王孙思邈来峨眉山采药，一日他在山上发现一棵树上果果的下方都吊有白色透明的水滴，尝之如蜜。继后又发现树枝条上有小虫，不久树条上又长起白雪，就是蜡花。最后小虫变成蛾飞出。经试验，蜡花治伤疗疮有奇效，于是药王动员山民培养此虫，以至产虫、产蜡，这就是蜡的起源。

一纸千金 纸张

宣纸 原产于安徽。宣纸是我国古代用于书写和绘画的纸。产生于唐代，历代相沿。到了宋代时期，徽州、池州、宣城等地的造纸业逐渐转移集中于泾县内。当时泾县为宁国府管辖，宁国府治在宣城，宣城为宣纸集散地，所以这里生产的纸被称为"宣纸"。宣纸有易于保存，经久不脆，不会褪色等特点。

唐代的日常用纸，有短白帘粉、蜡纸、布丝藤角纸、黄麻纸、白麻纸、桑皮纸、桑根纸、鸡林纸、苔纸、建中女儿青纸、卵纸、宣纸、松花纸、流沙纸、彩霞金粉龙凤纸、绫纹纸、松皮纸、蜜香纸、一蛮纸、笈皮纸、竹纸、楮皮纸、凝霜纸、麦秸稻纸、由拳纸等，种类之多，不胜枚举。

唐代纸的产量已相当可观，种类亦多，用途广泛。除供书写、绘画外，又有其他之用。据文献记载，当时已用纸来做灯笼，糊窗户，做衣服、帽子、帐子，甚至做铠甲。

从唐代开始，徽州成为"文房四宝"生产的重要基地，除歙砚、徽墨被推为天下之冠外，澄心堂纸更是受到宝爱。南唐后主李煜视这种纸为珍宝，赞其为"纸中之王"，并特辟南唐烈祖李节度金陵时宴居、读书、阅览奏章的"澄心堂"来贮藏它，还设局令承御监制造这种佳纸，命之为"澄心堂"纸，供宫中长

■ 唐代徽州贡宣

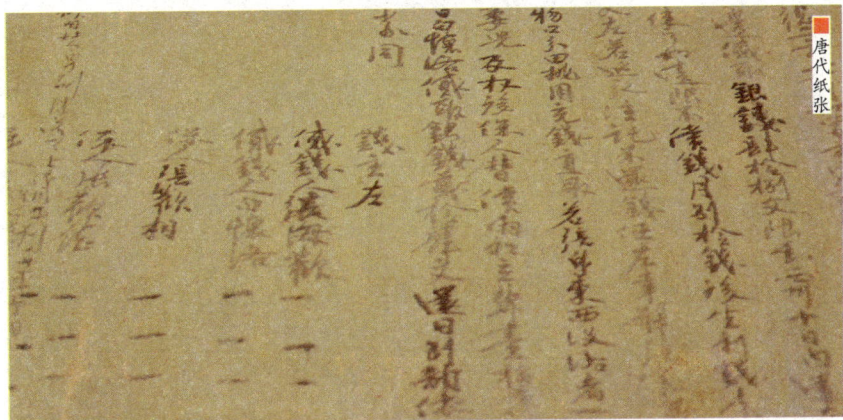

期使用。澄心堂纸质量极高，但传世极少。

会府纸长2丈，宽1丈，厚如数层绘帛，更是前所未有。鄱阳白纸，长如匹练，也是当时的新产品。另外，浙江造纸也有发展，吴越王曾雕刻《陀罗尼经》8400卷。

后来，唐代造纸技术随着对外交流传入西方。首先在撒马尔罕建立了中东第一个造纸作坊，794年巴格达出现中东第二个造纸作坊，造纸术由此传到阿拉伯地区，并逐渐流传到了世界各地。

一纸千金 纸张

阅读链接

唐代造纸业发达，纸张不仅仅限于书写文字，也被用于生活中的各个方面。考古工作者曾在新疆吐鲁番阿斯塔那古墓群的发掘中，出土了纸鞋、纸棺，这些考古发现，是唐代多方面用纸的实证。

到了五代时期，虽然战乱不断，但南方一些地区仍相对比较稳定，造纸业没有受到太大的影响。特别是被称为"千古词帝"的南唐后主李煜，他酷嗜文学，对造纸也极为关心，促进了纸业的发展。当时的徽州地区成为造纸中心，所产澄心堂纸最受书生们的欢迎。

宋代发达的造纸技术

宋元时期，我国造纸技术更加成熟，可以说是登峰造极。以前名纸，无不仿造，尤以澄心堂纸为最佳，宋代的许多著名书画家多用此纸。至于笺纸、匹纸、各色笺纸和藏经纸更是名目繁多，不可屈数。

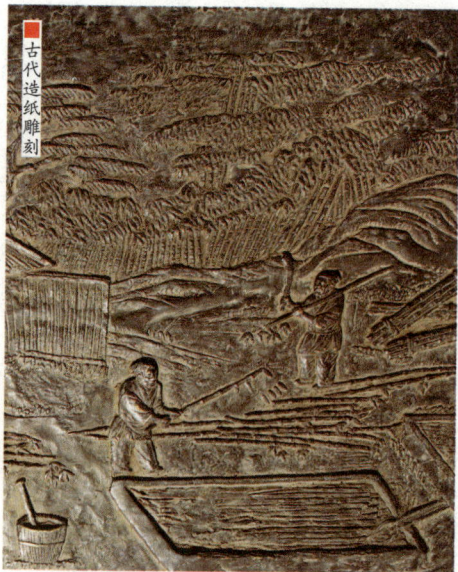

古代造纸雕刻

造纸原料进一步扩大，出现了麦茎纸与稻秆纸，并收集旧纸，与新料掺在一起，打出混合纸浆造纸，称之为"还魂纸"。当时还发明了纸药，即用植物的汁放入纸浆中，作为漂浮剂。

宋代能生产3丈余长的巨幅纸，称为匹纸。宋元名纸众多，有浙江海盐金粟寺所造的金粟山藏经纸及谢景初所造十色信笺等。

据说，谢景初是受唐代"薛涛笺"的启发，在四川益州加工制造。谢公有十色笺，即深红、粉红、杏红、明黄、深青、深绿、浅绿、铜绿、浅云，即十色也，又名"十色笺"。这种纸色彩艳丽新奇，雅致有趣。

元代造纸中的特异者，有白鹿纸、黄麻纸、铅山纸、常山纸、英山纸、观音纸、清江纸、上虞纸，笺纸则有彩色粉笺、蜡笺、黄笺、罗纹笺等。元代名纸则有"明仁殿纸"等。

白鹿纸产于元代，最早是江西的道士写符用纸，后因赵孟頫用以写字作画，嫌符用纸之名不雅、不吉。他看到造纸的抄帘上绣有形态各异的鹿图，纸成后隐约可见鹿纹，而鹿又是吉祥的象征，与福紧密地结合，所以更名为白鹿纸。

关于白鹿纸的源起与得名，还有一个传说。有一年旱灾，河干地裂，百姓难以生存，这时一个叫名白乐的青年，勇敢担当起为百姓寻水的重任。

白乐不畏艰辛，翻山越岭，但始终没有找到，饥渴劳累使他昏睡过去。睡梦中，他看到一位美丽的仙女飘然而下，仙女手中捏着一条白丝帕，她朱唇微启，问白乐有何愿望和困难。

■ 造纸焙干流程雕刻

谢景初（1020年—1084年），字师厚，号今是翁，北宋时人，累官至湖北转运判官，益州路提点刑狱。谢景初博学能文，尤长于诗，时与梅尧臣等相唱和，有诗集若干卷行世。又创制十色笺，后人称"谢公笺"，与"薛涛笺"齐名。

文房四宝

纸笔墨砚及文化内涵

■ 造纸入帘的流程雕刻

毕昇（约970年—1051年），北宋印刷铺工人，专事手工印刷。他根据自己的实践经验，发明了胶泥活字印刷技术。毕昇发明了胶泥活字印刷术，被认为是世界上最早的活字印刷技术。北宋科学家沈括所著的《梦溪笔谈》记载了毕昇的活字印刷术。

仙女在知道了百姓因干旱而遭受的苦难后，就告诉白乐，水源就在你的眼前。说完就飘然而去，只将手中的白丝帕抛下。白乐赶紧接住，梦也醒了。

白乐一看手中，不知何时白丝帕变成了一张宣纸。抬眼望去，果真见有一巨大的鹿状的石头，一双鹿眼的间距就有一丈又二。

白乐走上前去，用手中的宣纸拭去石鹿眼睛和身上的泥尘。石鹿的眼睛随着泥尘的拭去变得明亮无比，并淌出了感激的泪水，泪水越流越多，变成两股清泉，清泉滋润了世间万物，解救了百姓。

后来，人们为了纪念白乐，研制出了白鹿纸，又称白乐纸。白鹿纸可谓至善至美，它的规格一丈二尺，纸帘上绣有形态各异的奔鹿。

宋元时期大量用纸印刷书籍，也有道士用纸画符，虽有若干因年久或战乱而不存，但后来保存下来的仍多处可见。此外，用纸作画、写经较前更为普遍，也有不少流传下来。当时纸的用途广泛，甚至用以包裹火药，制造火枪上的火药筒。

宋代最伟大的科技成就是毕昇发明活字版印刷。造纸和印刷的结合，使宋元明清的日常生活和文化生活的质量得到前所未有的发展。

纸自宋元起大部分用于印刷书籍、佛经、会子等。会子是早期的纸币。在日常生活上也出现很多纸制品，如纸织画、纸衣、纸被、纸枕等。

考古研究人员曾经在浙江富阳确认发现一个面积达2万多平方米的宋代造纸遗址。该遗址规模之大、工程保存之完整、工艺水平之高，为研究我国造纸工艺提供了重要的实物资料。

根据考古人员对出土瓷器、日常用品、土层等的考察，该遗址至少为南宋时期，而其中出土的"至道二年""大中祥符二年"等纪年铭文砖，则有可能将遗址的时代上推至北宋早期。据了解，此前发现的国内最早的造纸遗址是江西高安明代造纸作坊遗迹。

宋代有一种循环再用的纸叫还魂纸，又称为再生纸。古人为了降低生产成本，采用故纸回槽的方法，一般先将废纸的墨迹、污迹洗去，然后掺入新纸浆中重新造纸。

现藏于我国历史博物馆内，出土于敦煌石室的宋太祖乾德年间的967年写本《救诸众生苦难经》采用的就是还魂纸，其背面有3块未及捣碎的故纸残片，考古学家鉴定其为再生纸。

另外，据元代马端临《文献通考》卷9《钱币考》记载南宋时，湖广等地的纸币会

毕昇塑像

子，曾经采用还魂纸。

除了采用故纸回槽的循环再造方法外，早在汉代时，古人还直接在字纸背面重新写字或印刷，称为"反故"，这些用作反故的纸多为官府文牍。

宋代文化昌盛，造纸业和印刷业都比较发达，尽管如此，宋人却是想尽一切办法对废纸加以利用。

宋人叶寘的《爱日斋丛抄》卷二载：

王沂公以简纸数轴送人，皆他人书简后截下纸。晏元献公凡书简首尾空纸，皆手剪熨，置几案，以备用。

王沂公就是王曾，他状元及第入仕后，官至宰相，封沂国公。晏元献即晏殊，亦官至宰相。二人身居高位，无论如何不会连纸张都买不起或者用不起，关键还是观念问题，即节约纸张，为此，他们连废纸也不放过。

不少宋版书，往往是用废旧的公文纸之背面来印刷的。宋人节约用纸，体现出宋人对纸的爱惜，这一文化现象很值得人们学习。

阅读链接

金粟寺在浙江海盐西南，寺建于三国吴代。金粟山藏经纸，为宋代名纸。该寺曾藏有北宋时的经藏数千轴，每幅纸背后印有长方形红色小印"金粟山藏经纸"文字。

该纸是经楮树皮加工而成，专供寺院写经之用。其内外加蜡加研使之硬，黄药濡染而发黄。兼因纸厚重，纹理粗，精细莹滑，久存不朽。其内外加腊研光工艺，乃宋代造纸业由笺纸生产发展过程中所创造之技法，书写效果尤佳，历经千年，纸面仍然黄艳硬韧，墨色如初，黝泽似漆。

明清时期纸张种类繁多

　　明清时期是我国古代造纸技术集大成时期，总结了历代造纸技术，创造了染色、加蜡、砑光、描金、洒金银和加矾胶等各种技术，生产出大量品种繁多、质量上乘的纸张，包括仿造历代名纸以及研制出一些新品种的加工纸。

　　明代纸类尤全，凡以前名纸均能仿造，政府对造纸业也很重视。永乐时期，江西西山设置官局，专门制造官纸，其中尤以"连七""观音"纸最为著名。

　　连七纸是连史纸的一种。明代学者刘若愚在他所著的《酌中志·内臣职掌纪略》中记载：

凡禁地有异言异服及喧嚷

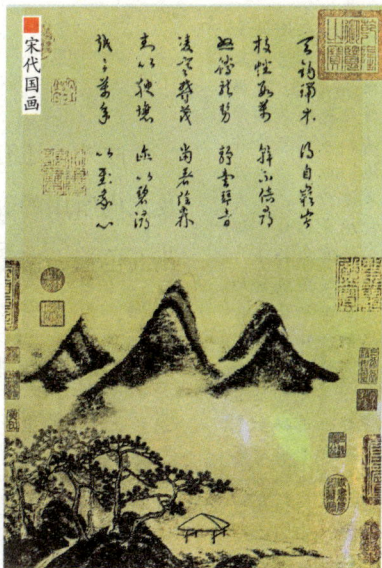

宋代国画

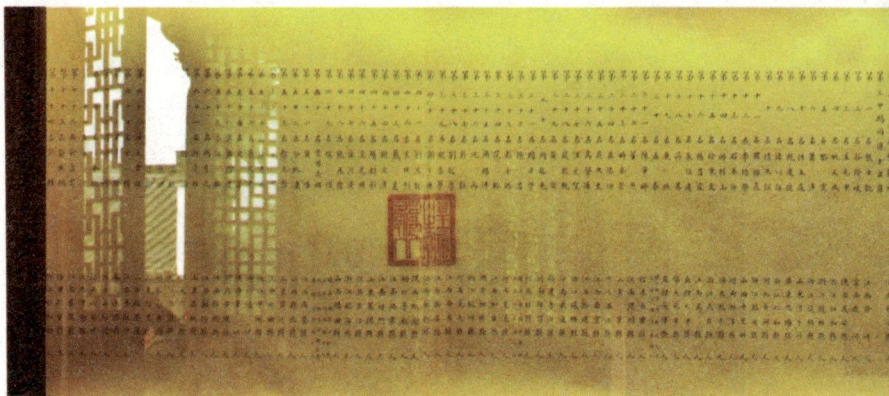

文房四宝

纸笔墨砚及文化内涵

犯禁者，得诘而责之，事大则开具连七纸手本，名曰事件，禀司礼监奏处。亦省作"连七"。

明代学者屠隆在他所著的《考槃馀事·纸笺·国朝纸》中记载：

永乐中， 江西西山置官局造纸，最厚大而好者曰连七、曰观音纸。

此外，还有奏本纸、榜纸、小笺纸、大笺纸，以及大内所用的细密洒金五色粉笺、五色大帘纸、印金花五色笺、白笺、高丽茧纸、皮纸、松江潭纸、新安笺等，都是当时的名纸。

当时，竹纸产量居第一位。有些素纸经过再处理，造出适合不同需要的加工纸。著名的"宣德贡笺"，上注"宣德五年素馨印"，与宣德炉、宣德瓷齐名。

描金 又称泥金画漆，在漆器表面，用金色描绘花纹的装饰方法，常以黑漆作地，也有少数以朱漆为地，也有把描金称作"描金银漆装饰法"的。描金装饰均用手工描绘，金水的操作步骤较为简便，手工操作方法是根据装饰部位用描金笔蘸取金水描绘花纹，镶边、铺金地或结合其他装饰使用。

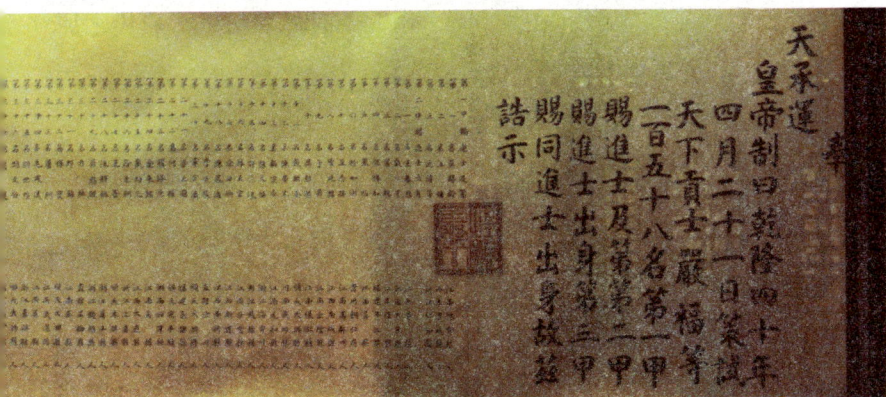

清代对纸笺的仿制加工极为盛行，凡前代佳纸无不仿制，涌现出了许多纸中名品。御用的纸有金云龄朱红福字绢笺、云龙珠红大小对笺、各色蜡笺、各色花绢笺、金花笺、梅花玉版笺、白色暗花粉笺。

一般常用的有开化纸、开化榜纸、太史连纸、罗纹纸、棉纸、竹纸、宣纸等。旧纸则有侧理纸、藏经纸、金粟笺、明仁殿宣德敕笺。仿古纸则有澄心堂纸、磁青纸、藏经纸、宣德描金笺。

其中，乾隆年间仿制的澄心堂纸、明仁殿纸、金粟藏经纸，在制造和加工上都达到了很高的水平。而梅花玉版笺、五色粉蜡笺则是清代加工纸的新创之作。

梅花玉版笺，是清代名纸。梅花玉版笺始制于清康熙年间，纸为斗方式，原料为皮纸，经施粉、打蜡、砑光，再以泥金绘制碎冰纹、梅花纹于上的一种高级笺纸。纸的左下角印有"梅花玉版笺"的朱色小长方标记。待至乾隆年间，此纸的制作加工更加精良，有的成为宫廷专用纸，代表着当时制纸的最高工艺。

此纸优美细腻的纹质、清淡雅致的地纹以及恰到好处的润墨性，使它成为当时风雅、富丽、珍贵，精致的代表，具有很高的艺术收藏价值。

粉蜡笺源于唐代，是一种曾被用于书写圣旨的手工纸笺。谓添加

一纸千金

纸张

白色矿物粉之蜡笺纸。此纸取魏、晋、南北朝时之填粉纸与唐代之加蜡纸合而为一，兼有粉、蜡纸之优点。

清康熙至乾隆年间大量制作粉蜡笺，以五色纸为原料，施以粉彩，再加蜡研光，又称"五色粉蜡"。再加以泥金等绘制图案。

乾隆时又大量绘制冰梅纹以为装饰，名"梅花玉版笺"，其他有"描金云龙五色蜡笺""描金云龙彩蜡笺"，以及绘有花鸟、折枝花卉、吉祥图案等五色粉蜡笺。

此外，尚有洒金银五色蜡笺，在彩色粉蜡纸上现出金钿箔的光彩，多为宫廷殿堂写宜春帖子诗词、供补壁用。这类彩色洒金或冷金蜡笺是造价很高的奢侈品，其价格在当时比绸缎还贵。

除此之外，清代时还有许多外来纸，如高丽的丽金笺、金龄笺、镜花笺、苔笺、咨文笺、竹青纸，琉球的雪纸、奉书纸，西洋的金边纸、云母纸、漏花纸、各种笺纸，大理各色花纸等，这些也都是纸中的珍品。

我国纸的文化源远流长，历代名纸很多，早期的纸如絮纸、灞桥纸、居延纸、中纸、罗布淖尔纸、旱滩坡纸、蔡侯纸等等，有的见于著录，有的是现代考古的实物发现。由于历史久远和当时生产的数量有限，这些纸已均无传世。

阅读链接

皮纸，是用桑皮、山桠皮等韧皮纤维为原料制成的纸。纸质柔韧、薄而多孔，纤维细长，但交错均匀。一般是供糊窗和皮袄衬里等日用需要，特殊的则作誊写蜡纸、补强粉云母纸等的原纸。后来就很少生产了。

皮纸是我国古代图书典籍的用纸之一，与白纸、竹纸、白棉纸等同为线装书的纸张种类之一。隋唐五代时的图书已有使用皮纸的，宋以后的图书典籍中，皮纸是使用最多的纸类之一。皮纸的种类很多，主要有棉纸、宣纸、桑皮纸等。

砚台

砚，也称"砚台"，集书法、绘画、雕刻诸艺术为一体，特有的色调和造型，加之浑然天工的巧琢，以其庄重与风雅，成为"文房四宝"之一。

中国古砚品种繁多，如端砚、歙砚、洮砚、澄泥砚、红丝砚、松花石砚、玉砚、漆砂砚等，在砚史上均占有一席之地。

历代砚台，以其不同的形式，不同的质地，不同的种类和丰富的文化内涵，构成一部丰富多彩的我国砚史。

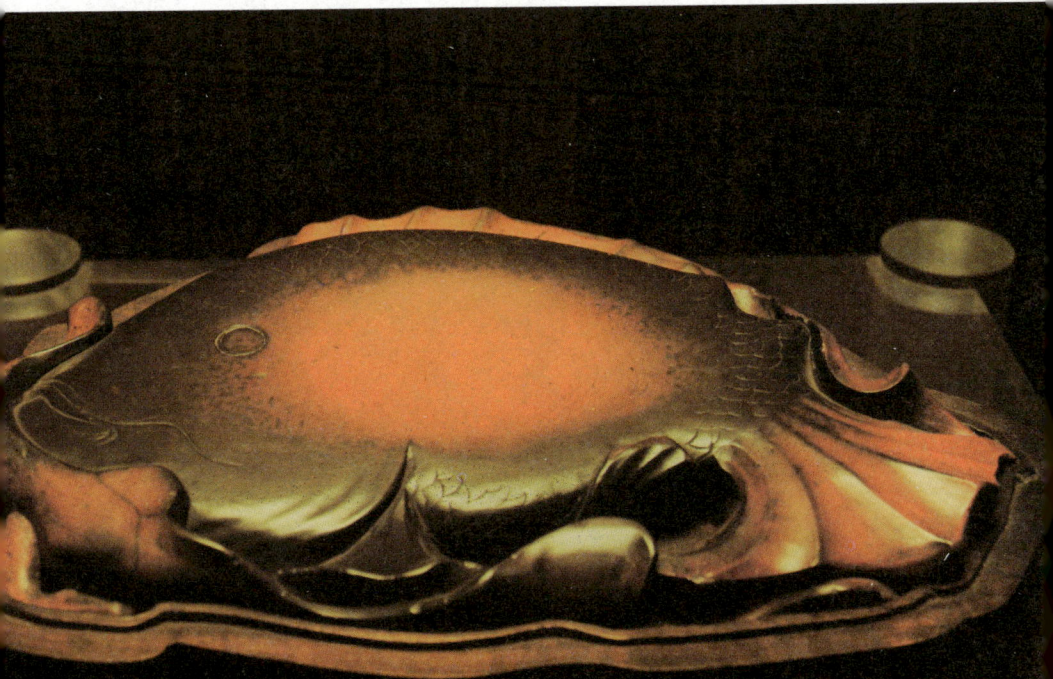

先秦古砚与汉魏三足砚

　　在很久很久以前，那时候还没有砚台，人们都用陶瓷小碗研磨，但是陶瓷容易脆，人们只能在研磨时特别小心。

　　后来，有个读书人叫程砚，他路过一个小镇，此时正是集日，街上很多人，一片繁荣景象。程承志心里高兴，他就慢慢逛着，顺便采买一些日用之物。

原始石砚

■ 原始研磨颜料工具

这时，一名老人来到程砚面前，笑道："看公子应该是个读书人吧，小人这里有一块石头想卖出去，不知能不能入公子的眼。"说罢就从袋中拿出一块石头来。

程砚一看，只见这个石头形状特别，中间凹出去一块，散布金黄色小点，黑底黄星，宛若夜幕繁星。程承志接过来细看，但觉温润细腻，纹理清晰，星晕明显，一看就知道这是块好玉石，只是形状特别难看。

老人笑道："公子别看这块石头形状这么怪，其实这正是它的奇特之处。我祖上一直用他来研墨写字，说来让公子见笑了，小人祖上也曾是读书人，只是到了小人这代不成器，没人再读书。因为家里急用钱，只好变卖。"

程承志对这块石头爱不释手，再一问价格，也不算很贵，就将这块石头买了下来。有了这块石头，程砚将家中研磨的小碗替换了下来，他每次坐在书桌

玉 石头的一种，也可理解为美丽的石头，质细而坚硬，有光泽，略透明，可雕琢成工艺品。我国制玉历史悠久，用途广泛，风格独特，具有鲜明的民族特点，充分表现出我国古代劳动人民的聪明智慧和创造才能，也是中华民族文化宝库中的珍贵遗产和艺术瑰宝。

前，都觉得手中的笔平添了几分灵气。每次客人来访，看到这块石头，都赞不绝口，说他无意中淘到了宝贝。

后来，程砚做了大官，他写的文章被皇帝所欣赏，其威望如日中天，人们便开始仿制这样的石头，取名为"砚"，希望能写出和程砚一样好的文章，就这样，砚台逐渐在中原地区开始流传下来，并且成为"文房四宝"中不可或缺的一宝。

其实，这只是我国古代一则故事，相传，"黄帝得玉一钮，制为墨海"，这才是我国制砚的开始。

原始社会时砚称为研磨器。砚的形制只是一个经过简单加工的厚厚石饼，由不规则的鹅卵石简单加工而成。

我国制砚的历史悠久。据专家考证，在彩陶文化

■ 汉代龟砚

时期，砚或砚的雏形就已经存在了。当时它的主要作用是研磨制彩陶用的颜料。

砚诞生于5000年前的新石器时期。1980年临潼姜寨遗址中发现的仰韶文化时期的石砚，是人们能见到的最古老的实物。

这个古砚有砚盖，有磨杆，当时还没有研石。砚心微凹，这已经不是一般的研磨器，与汉代石砚极其相似。砚弯有陶质水盂，有黑色颜料5块，砚、水、墨俱全。

很显然，这是先民们借助磨杵研磨颜料的早期砚的形制。由于这处遗址归属于母系氏族时期的仰韶文化，故这方砚台的实际寿龄已超过了5000个春秋。

大约从仰韶文化时期到汉代，我国古砚一直处于缓慢的发展状态之中。殷商时期，青铜器已十分发达，且陶石随手可得，砚乃随着墨的使用而逐渐成形。古时以石砚最普遍，直到后来，人们经历多代考验仍以石质为最佳。

汉砚质地以石为主，尚未出现专用砚材，唯坚硬耐磨即可。造型上已初步显示了美化的趋势，纹饰、造型多受同期其他艺术形式的影响。

砚体多分为砚身和砚盖两部分，砚盖与砚身相吻合，将砚面保护起来。砚的盖顶和足部多以鸟兽圆雕作装饰，厚朴古拙而不失生动。

仰韶文化 以陕西华山为中心分布，东起山东，西至甘肃、青海，北到长城沿线和河套地区，南抵江汉，分布最为密集的地区在陕西关中、陕北一带。属新石器时期文化，持续时间大约在公元前5000年至公元前3000年，分布在黄河中游。

砚台这种文具历经战国及秦汉时期，已经逐渐配套形成，砚也由多种研磨功能逐渐变成专为书写所用，完成了它由研磨器到书写用砚的过渡。

汉代出现了以松烟为主要原料的人工手捏墨，砚的制作发生了很大的变化。长方形的人工墨，使用起来十分便捷，不需再借助磨杵或研石来研天然或半天然墨了。这样磨石和磨杵研墨，显得日趋笨拙，因此逐渐被历史淘汰，不过秦汉之际，这种新的砚台还没有普及。

■ 汉代永寿二年砖砚

汉代砚的制作水平大大提高，加上纸的发明对砚的装饰性又提出了更高的要求，砚便花样翻新起来，不但有石砚、瓦砚，而且出现了玉砚、陶砚、漆砚和青铜砚。它们或方形或圆形，或山形或龟形，有的还带有三足。

上海博物馆收藏的一个方圆饼形石砚，出土于上海福泉山一座西汉中期墓葬。这个石砚用青褐色的页岩制成，砚体圆而扁平，质地较为细密，简而不陋，轮廓清晰，砚面上附有圆柱形磨石一块，已经初步摆脱了原始砚的务求其用、不求其美的风格。

大约到了西汉中期，砚可以说已经开始从实用的书写工具中分离出来了，逐步脱胎成带有浑朴装饰的

蟠螭纹 青铜器纹饰之一。图案表现传说中的一种没有角的龙便是螭，张口、卷尾、蟠屈。有的作二方连续排列，有的构成四方连续纹样。一般都作主纹应用。这种纹饰盛行于我国春秋战国时期。

工艺品，步入了艺术的殿堂。

湖北云梦睡虎地秦墓所出石砚，呈不规则的圆形，所附石研子相当大，几乎占砚面的四分之一。

汉代石砚的造型趋于规整，主要有圆形和长方形两种，研子的体积较前缩小。圆砚多附三足且有隆起之盖，盖底当中留出凹窝，以备盖砚时容纳研子。精致的圆砚在盖面上常镂出旋绕的蟠螭纹，如河北望都所药材、河南南乐宋耿洛等地的汉墓所出者。

湖北当阳刘子汉墓中还出过一件此式陶砚。长方形砚原来只是一块石板，如洛阳烧沟632号汉墓所出者。这种砚或被称为黛砚，但在居延金关，此式砚与屯戍遗物同出，根据该地点的军事性质，可知长方形砚并非均供画眉之用。山东临沂金雀山十一号汉墓所出长方形石砚，附漆砚盒，盖、底均绘有云气禽兽纹。

汉代还有一种附铜砚盒的石砚，铜砚盒常作兽形，安徽肥东与江苏徐州各出土一例。徐州的兽形铜砚盒通体鎏金，满布鎏银的云气纹，杂嵌红珊瑚、绿松石和青金石，造型瑰奇，色彩绚烂，是珍贵的古文物。

汉代还出现了箕形的风字砚，保存最早的一面系出土于西安郭家

■汉代漆盒石砚

滩，有东魏武定七年铭文。东魏武定七年就是549年。

汉代官砚的主流风格是"神风、雄风"，神器给人的感受是御人、吓人。至东汉，三足砚兴起，多为兽足。汉三足砚乃为有足砚之发端。

汉代的社会伦理还处于敬天、奉神、事鬼的时代，汉时审美风尚的功利性也就体现在这些承载着礼乐和神秘主义的造型、花纹等器物上了。漆器、陶器等皆仿青铜礼器，俱都三足，因而把砚台制成鼎足形制也就不足为奇了。

在魏晋时期，我国还流行瓷砚，起初为圆形三足，形制大体沿袭汉代的圆砚。这时的瓷圆砚下装一圈柱足，又被称作辟雍砚。在瓷砚的发展史上，辟雍砚是颇为独特的一种造型。辟雍是古代天子讲学的地方。

魏晋南北朝时期，由于制瓷业的迅速发展，陶瓷砚台大量涌现，其中以一种造型为带足圆盘的瓷砚最为流行。此时的瓷砚，多为青瓷砚。以瓷土为胎，施青釉，砚堂无釉，造型仍多为圆形带足。

对这一时期出土的瓷砚进行比较发现，砚面的四周出现了高起的"护堤"，即子母口。砚心也从平坦向中心慢坡隆起发展。这也是后来辟雍砚的形式。

阅读链接

由于早期的墨为颗粒状或薄片状，未能做成墨锭，不便握持，故秦汉时期古砚多附有研子，称为研杵或研石，用它压住墨粒研磨，使其溶解于液体中才能使用。

湖北云梦睡虎地秦墓所出石砚，呈不规则的圆形，所附石研子相当大，几占砚面的四分之一。汉代石砚的造型趋于规整，主要有圆形和长方形两种，研子的体积较前缩小。精致的圆砚在盖面上常镂出旋绕的蟠螭纹，造型瑰奇，色彩绚烂，是珍贵的古文物。

唐代端砚的源起与成名

　　唐代开始讲究制砚的石材。这时由于制墨技术的进步，墨锭做得很坚致，从而要求砚石具有较强的硬度。以硬石制砚，如表面粗糙则易伤笔毫，如表面太滑又不利于发墨，故砚石须兼备坚硬、细腻易发墨等特点。

　　根据这些标准，唐代选择了广东肇庆所产端溪石制砚。端砚石质坚实，磨墨无声，贮水不耗，腻而不滑，发墨不损毫，所以在唐代广泛流行。

　　端砚的特点是纹彩丰富，端砚上的纹彩和石眼是在长期的地质作用下形成的天作之美。

　　端砚的纹彩有青花、鱼脑冻、蕉叶白、玫瑰紫、胭脂火捺、猪肝紫、冰纹、翡翠、金星点、金银线、马尾纹、天青等。

唐代端砚

鱼形端砚

其中，青花又分玫瑰紫青花、子母青花、雨霖墙青花、蛤肚青花、蚁脚青花、点滴青花、鱼仔队青花等，文人雅士们穷其辞藻，把端砚形容得百花齐放。

端砚的石眼名称也很多，如鹤哥眼、鸡翁眼、猫儿眼、鸭鸽眼、绿豆眼等，其中以猫儿眼最奇妙，瞳中垂一直线。

端石的石眼为辉绿岩凝结物，也有石连虫化石。其中的鸲鹆眼形似八哥眼，圆晕中还有瞳仁，是眼中上品。

一般总体上将端石的石眼分为活眼、死眼和泪眼。活者眼瞳外有数重眼晕，死者瞳外无晕且内外焦黄，泪者整眼朦胧昏涩且眼下见滴水状。活眼又以晕层愈多愈青碧且直径在1厘米以上为最佳，死眼居其次，泪眼为再次，但有眼端砚总比无眼端砚要好。

端砚之所以为历代文人所喜爱，除了它具有许多天然特点外，还在于制砚艺人付出了艰辛的劳动。这些艺人经过千百年的实践、创造，在砚石上雕刻了山水人物、花草树木、鸟兽虫鱼、梅兰菊竹等图像，争奇斗胜，变化万千，将端砚的实用和欣赏紧密地结合起来，使之成为我国独具特色的精美手工艺品。

由于端砚特别受到文人们的青睐，所以有关的美丽传说也特别多。关于端砚的创始人，史书上没有记载。但在端砚的故乡，老石工们从先辈口里听说，制作第一个端砚的人是一位叫顾氏的妇女。

这位顾氏是肇庆黄岗村人，据高要县志记载，黄岗村的农民在很久很久以前就有开山采石的传统。那里的雕石艺人手艺之高，在岭南地区是有名的，许多石狮子、石碑和石柱都出自他们之手。

顾氏的父亲是个技艺很高的石匠，顾氏从小就十分喜爱刻石，他父亲很疼爱她，常用白石雕成玩具供她玩耍。20多岁时，顾氏跟着父亲学得一门好手艺。

有一次，顾氏随她的父亲上山采石，发现一种紫色的石头，她感到很有趣，于是便把它凿成方块状，周围刻上花纹，做成砚台。当顾氏用这个砚台磨墨的时候，感觉发墨非常快，她就把这个新发现告诉了父亲。父亲很高兴，他连忙拿给同伴看。

后来，村里的男石工们在顾氏捡得紫石的那个地

石眼 天然生长在砚石上，犹如眼睛一样的"石核"，是端砚独有的特色。由于文人的喜爱，长有石眼的端砚石十分宝贵和难得。端砚石眼其实是一种天然生长在砚石上，有如鸟兽眼睛一样的名贵花纹。石眼呈翠绿色，或黄绿色，或米黄色，或黄白色或粉绿色，大小不一，神态各异。

■鹅蛋形端砚

端砚 诞生在唐代初期广东肇庆，自古以来就十分名贵。在我国所产的四大名砚中，尤以广东省端砚最为有名。端砚以石质坚实、润滑、细腻、娇嫩而驰名于世，用端砚研墨不滞，发墨快，研出之墨汁细滑，书写流畅不损毫，字迹颜色经久不变。

方，找到了石的矿藏，开始制作砚台，在市面上出售。于是端砚也就慢慢就成了本地的特产。

可惜史书没有把这个妇女的发现记载下来，只在民间流传。直到后来，也很少有人知道我国这位古代妇女对古砚的发展所作出的巨大贡献。

端砚一开始出现，并没有很快出名，而是经过了很长的过程。直到唐代，一个书生为端砚的成名起到了很重要的作用。

话说唐贞观年间，有一年，一位广东的举子上京应试，当时京城长安正值大雪纷飞。考试那一天，这位举子带着端砚进了考场，因天寒地冻，手脚都有些麻木了。

考试开始了，考生在考场里都在紧张地磨墨，但刚磨好，蘸墨挥笔之际，墨汁却冻结成冰，弄得他们

■ 寿桃端砚

无计可施，只好拼命地向砚台呵气，写写停停。

监考官见状也直摇头，爱莫能助。就在这时，一个监考官却像发现奇迹似的，站在广东那位举子面前，只见他按笔疾书，砚里的墨汁不仅没有冻结，还油润生辉。

监考官越看越感到惊奇，考试刚结束，他马上从这个考生手里将砚拿出过来，左看右看，并亲自蘸墨挥笔，写出来的字墨迹鲜艳夺目，监考官爱不释手。

监考官一问，才知道这是端州出产的砚台。这位监考官将此砚视为奇宝，并立即启奏皇上。

皇帝看过后，试用了一下，果然不错，龙心大悦，于是便将端砚列为贡品。从此，端砚也就名扬天下了。

古人将端砚的特点概括为"温润如玉，扣之无声，缩墨不腐"，这表明无声的端砚为上品。无声的砚，并不是指敲打时听不到声音，而是发出的声音温和、细微。值得注意的是，砚石发出的声音也取决于砚的厚度。

后来，人们在广州出土一方唐代风字形端砚。现藏广州市博物馆，是唐代端砚的实物例证，此砚朴素无文，不事雕琢，应是唐代前期的作品。

到唐代后期，砚形的制作日趋精美。唐代著名学者皮日休咏端砚诗句称：

皮日休（834年至839年间，卒于902年），字袭美，一字逸少，晚唐文学家、散文家，与陆龟蒙齐名，世称"皮陆"，汉族。诗文兼有奇朴二态，且多为同情民间疾苦之作，对后世文学发展影响很大。代表作品有《皮日休集》《文薮》《胥台集》《十原》等。

样如金蹙小能轻，徽润将融紫石英。

石墨一研为凤尾，寒泉半勺是龙睛。

可见这时端砚上已雕刻出各种图形。由于唐以前未发现适宜制砚的石料，多以普通的鹅卵石打磨制成，但此法未得到推广。

自汉至唐，主要使用的是陶砚，它是用陶土烧制而成的，制作较精细，质地坚硬且发墨性能极佳，用物轻叩，声音清纯，到了唐宋时期，各地才相继发现了制作砚台的优质石料。

唐代，出现了许多闻名天下的砚台。除了端砚，还有歙砚、澄泥砚、易砚等众多名砚。歙砚的石料取自于江西婺源龙尾山一带的溪涧中，所以又称之为龙尾砚。其石坚润，抚之如肌，磨之有锋，涩水留笔，滑不拒墨，墨小易干，涤之立净。自唐以来，歙砚一直保持名砚地位。

歙砚始采于唐代开元年间，在南唐时兴盛起来，

歙砚 因产于歙州而得名。以婺源龙尾山下溪涧中的石材所制最优，故歙砚又称龙尾砚。按天然纹样可分为：眉子、罗纹、金星、金晕、鱼子、玉带等石品。歙石石质优良，莹润细密，有"坚、润、柔、健、细、腻、洁、美"八德。是我国著名的砚台之一。

南唐李后主曾派砚务官制作官砚。歙砚还一度得到欧阳修、苏东坡等人的推崇。

歙砚中的花色斑纹有罗纹、眉子、金星。罗纹指歙石的纹理作层次状排列。层次极薄的，在砚石断面，显示细罗纹；层次整齐，比例规则，纹如毛刷擦过，这是刷丝罗纹；层次作不规则的曲折的，是水浪纹；纹丝直而细密的是犀角浪纹。这些都是歙砚中莹润发墨、呵之水出的精品。

眉子是罗纹的变异表现。它可分为：大眉子，一抹白云，形如新月；对眉子，形体较小，多数横而不曲；两端略细，成双成对。眉子砚是歙砚中的珍品。

金星指分散分布在砚面上的亮点，大如豆，小如黍，可分为两点金星、金钱金星、鱼子金星等几类；金星融聚在一起成片云状、流云状，这就是金晕。就鉴赏来说，以金星满面为贵；就实用来说，金星应在砚背或砚面四周，远离墨堂。

一般来说，歙砚以浮雕线刻为主，不作立体的镂空雕，所刻人物楼堂，手法较细腻，多能层次分明；而端砚一般崇尚深刀雕刻，常作镂空雕。

澄泥砚产于豫西黄河岸边诸地，以制作工艺独特称著于世，为我国历史四大名砚之一。与端、歙、洮砚齐名，史称"三石一陶"。

澄泥砚属于陶瓷砚的一种非石砚材。它的制作方法是以过滤的细

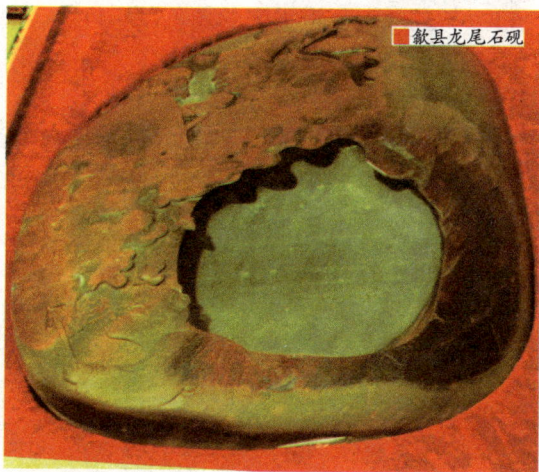
歙县龙尾石砚

心先病

墨磨偏，心不端

字不敬，心先病

邮州李安

■ 人物诗词澄泥砚

燕下都 我国战国时期燕国的都城遗址，是战国都城中面积最大的一座。城址中部有一道隔墙，将城分为东、西二城。东城分为宫殿区、手工业作坊区、居民区、墓葬区、古河道区五个部分，这里文化遗存相当丰富，保存较好，为后世提供了战国时期的物质资料，考古意义非常重大。

泥为材料，掺进黄丹团后用力揉搓，再放入模具成型，用竹刀雕琢，待其干燥后放进窑内烧，最后裹上黑腊烧制而成。

澄泥砚的制作始于晋唐时期，兴盛于宋朝。已有1000余年历史。澄泥砚质地细腻，坚实厚古，形制多样，窑变奇幻，为历代文人学士所珍爱。它的特点是质地坚硬耐磨，易发墨，且不耗墨，可与石砚媲美。澄泥砚的颜色以鳝鱼黄、蟹壳青和玫瑰紫为主。

唐代时期的虢州已经成为了制澄泥砚的著名产地。在现代，澄泥砚的产地有河南洛阳、河北钜鹿、山东青州、山西绛县、湖北鄂州、四川通州和江苏宝山等地。

易砚产于河北省易地。据史料记载，易砚始于春秋时代的燕下都。到唐晚期，易州的奚超父子继承松烟制墨的技艺，并在易水河畔的津水峪创制了“易水砚”。

后来，奚超之子奚延圭受到南唐李后主的常识，被授予"墨官"，并赐姓李。后因避乱，移居安徽歙州，成为"微墨""歙砚"的开山祖。然而易水古砚亦久盛不衰，名扬中外。

　　易水古砚的造型分鱼、龟、龙、蚕、蝉、琴、棋七大类，共有一百二十多种雕图。其雕花图案古雅大方，多以吉祥幸福、神话传说为题材，如龙凤祥云、丹凤朝阳、百鸟朝凤、天女散花、二龙戏珠等。雕刻出的人物、花卉、鱼虫、山水、禽兽无不栩栩如生，惟妙惟肖，耐人寻味。

　　易水古砚的石料取材于太行山区的西峪山上。这种石料是蓝灰色或带有紫、碧、黑、灰等颜色的水成岩，有的石料上还生着天然的碧绿色、淡黄色或白色的斑纹或"石眼"。石质细腻如脂，光润如玉，坚柔适中，易于发墨，是制砚的上乘石料。制砚的工匠根据石料的不同形状和奇纹异理，因材雕刻出精美砚台。

　　唐代石质砚材有突出的发展，这些优质砚材自唐代问世起，雄踞砚林，奠定了我国名砚的物质基础，历经千年而不衰，仍有巨大的生命力。

阅读链接

　　唐代著名的澄泥砚，是我国四大名砚之一。澄泥砚起源于秦汉时期的砖瓦，烧造工艺经后世逐步完善，至宋代，已为四大名砚之一。宋、元、明、清是澄泥砚发展的高峰期，但由于朝代更替以及文化差异，澄泥砚在这一时期展现出不同的工艺特点。古澄泥砚极为稀少，上品更是难求。

　　澄泥砚始于汉，盛于唐宋，迄今已有千余年历史。最早产地却莫衷一是，澄泥砚质地细腻，坚实厚古，形制多样，窑变奇幻，为历代文人学士所珍爱。

宋代砚台的形制与洮砚

宋元时期的砚形基本为唐代砚形的延续和演变，总的趋势以实用为主。

经唐、五代至宋，砚的形制出现了一种体轻且稳的造型，称为抄手砚。从砚的外观造型到墨堂的处理，以至砚背抄手的掏挖，制作讲究，线条处理流畅，造型大方稳重，体现了这一时期的工艺水平及艺术风格。这时砚的形制，砚池与砚台已明显分开。

宋代的书画家米芾，爱好广泛。除了诗书画以外，还非常喜好奇石。"米芾拜石"的故事几乎家喻户晓。

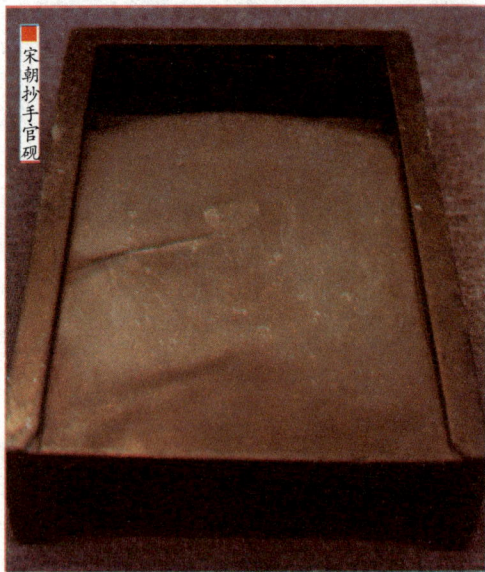

宋朝抄手官砚

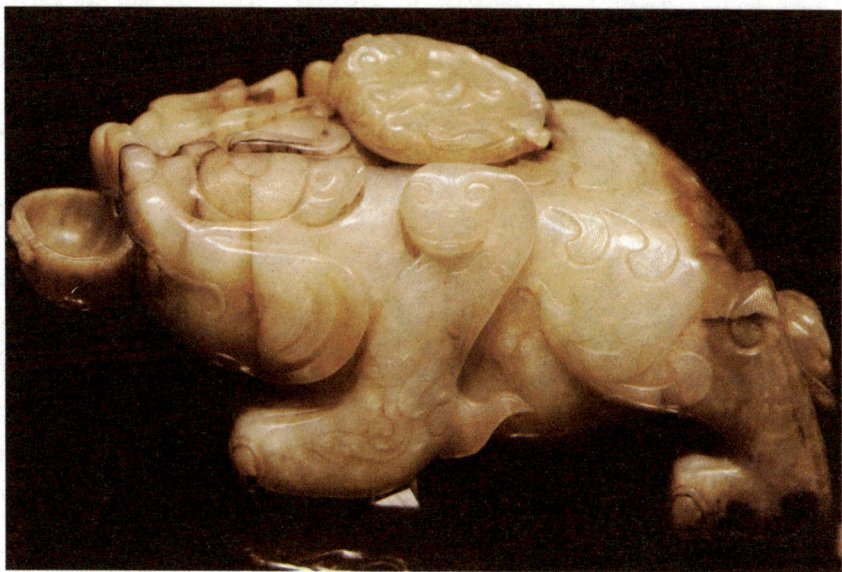
■ 兽形砚滴

　　话说有一天，米芾听到有个姓周的和尚有一方很好的砚台，砚台上面都刻着山水画。米芾打听到了以后就跑去拜见那个和尚，跟他说要看看他的砚台。

　　砚台看过以后，米芾并不回家，连连向和尚拜礼，一定想得到这个砚台。这个和尚看到他这么喜欢，最后实在没有办法了，就把砚台送给了米芾。

　　还有，宋徽宗赵佶是个书法高手，对砚台也是倍加推崇。有一次，宋徽宗请米芾来给他写字，米芾写完以后，看到一方砚台，特别喜欢。于是米芾就说，这方砚台我已经用过了，皇上再用好像不合规矩。

　　米芾特地再三地向宋徽宗皇帝请求，希望能够得到这方砚台。后来徽宗看他那么喜欢，只好忍痛割爱，把砚台赐给他了。

　　宋代是砚业蓬勃发展的时期。宋代有重文轻武的风尚，士大夫的社会地位在很大程度上得到提高，人

抄手砚　抄手砚为宋代所特有。抄手砚的砚底挖空，两边为墙足，可用手抄底托起。长方形抄手砚为宋代的主流。宋代的泗水县枳沟镇位于现在的山东泗水县西北，当时这里产黏土，人们用黏土来制砚，所制陶砚又称枳砚、抄手砚。此砚在制作时要精细加工，费时费工，所以又叫工夫细砚。

■ 蟾形砚

们对砚的需求大大增加，不仅仅停留在实用上，而且有了进一步的认识。

砚的使用更加普及，特别是对端砚和歙砚的开发、制作工艺起到了推动作用，名砚不断生产。"四大名砚"的发展和高品位，已被文人士大夫所认同，砚因其丰富多彩的石品花纹，形制花式的不断创新，典雅考究的雕刻工艺，在全国范围掀起热潮。

对于"四大名砚"，文人对其更是宠爱有加，盛赞不已。据宋代学者唐询在他所著的《砚录》记载，一方上佳的端砚其售价在数万钱。北宋文学家苏东坡也在《孔毅夫龙尾砚铭》中盛赞歙砚道："涩不留笔，滑不拒笔。"

苏东坡对紫金砚也是青睐有加。据其《紫金研帖》记述，苏东坡路过真州拜访米芾，得赠一方紫金砚。两个月后，苏东坡病逝于常州，临终前嘱咐其子将紫金砚陪葬。米芾闻之，从真州星夜赶往常州索回

米芾（1051年—1107年），北宋书法家、画家、书画理论家。他天资高迈、人物萧散，好洁成癖。书画自成一家。能画枯木竹石，时出新意，又能画山水，创为水墨云山墨戏，烟云掩映，平淡天真。善诗，工书法，精鉴别，对后世书法影响很大。

这方紫金砚，他十分生气地说："传世之物岂可做陪葬品？"可见米芾对砚的挚爱情深。

宋砚的形制主要以抄手砚，椭圆形的高台砚，长方形的平台砚居多，如兰亭砚、太史砚、蓬莱砚，而且还有随形砚的出现，砚形浑厚古朴，风格质朴典雅，平易清淡。

洮河砚具有悠久的历史，在宋初时闻名于世。据史料记载，宋神宗时期，洮州的洮砚被当作方物土产送往京城，立即被苏轼、黄庭坚、张耒等文士所赏识，倍受宠爱。洮砚身价一哄而起，珍贵无比。洮州地方首领一看洮砚石料居然受朝廷如此恩遇，自己也倍加珍视起来。

在随后的100多年中，洮砚石料和刻制的砚台通过洮州、岷州、河州设立的茶马交易场所开始向全国流通，增强了洮砚的知名度。

洮砚在宋代享有很高的声誉。北宋鉴赏家赵希鹄

士大夫　旧时指官吏或较有声望、地位的知识分子，在古代，通过竞争性考试选拔官吏的人事体制是我国所独有，因而形成了一个特殊的士大夫阶层。也就是专门为做官而读书考试的知识分子阶层。它是我国社会特有的产物，在我国历史上形成一个特殊的集团。

■ 石雕洮砚

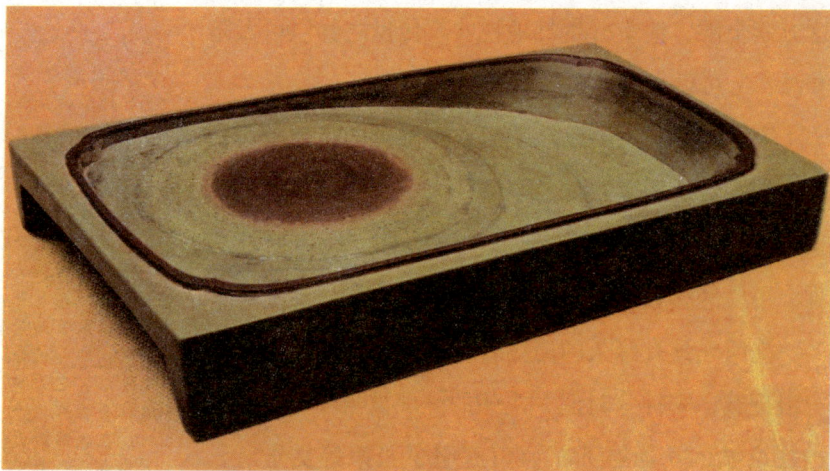

在他所著的《洞天青禄集》说：

除端、歙二石外，惟洮河绿石，北方最贵重，绿如蓝，润如玉，发墨不减端溪下砚，然石在大河深水之底，非人力所致，得之为无价之宝。

黄庭坚（1045年—1105年），字鲁直，自号山谷道人，晚号涪翁，又称豫章黄先生，洪州分宁（即现在的江西修水）人。北宋诗人、词人、书法家，为盛极一时的"江西诗派"开山之祖。诗歌与苏轼并称为"苏黄"；书法与苏轼、米芾、蔡襄并称为"宋代四大家"；词作与秦观并称"秦黄"。

宋代著名诗人、大书法家黄庭坚曾赋诗云："洮河绿石含风漪，能淬笔锋利如锥。"足可见洮砚石石质之好。

洮砚取材于深水之中，非常难得，是珍贵的砚材之一。洮河石质地细密晶莹，石纹如丝，似浪滚云涌，清丽动人。洮石有绿洮、红洮两种，其中尤以绿洮为贵。

洮砚石坚细莹润，发墨细快生光；墨贮于砚中，冠盖成珠，月余不涸，亦不变质；保湿利笔，加之发挥了甘肃的"透雕"特点，玲珑剔透，精致文雅，美观大方，历来为中外的书画家、鉴赏家们赞赏和珍爱。

绿色是洮砚石料的代表色，有墨绿、碧绿、辉绿、翠绿、淡绿、灰绿等色相。墨绿亦分为深浅两种浓度，深者近于黑色。最上品为绿漪石，俗称"鸭头绿"，其次为辉绿色的"鹦哥绿"，淡绿色的"柳叶青"。

带黄标者更为名贵，有"洮砚贵如何，黄标带绿波"之说。还有洮河紫石，其中暗红色者可与辉绿石媲美。故古人有"洮砚一方，千金难易"之说。

洮砚的刻砚工艺，千百年来世代相传，雕刻使用浮雕和透雕两种技法。透雕是在浮雕的基础上镂空其背景部分，这是洮砚雕刻艺术中最具特色的技艺。透雕图案的真实感、立体感很强，富有艺术魅力，同时也增加使用价值，透雕镂空后的凹底安排为砚台的水池。如透雕的荷花下贮满清水，则成了充满自然生趣的莲池图。洮砚千年的雕刻历史，将使洮砚艺术更加璀璨光辉。

阅读链接

宋代兰亭砚也是一种很有名的石头，采用的是出自肇庆端溪的宋坑石，石色红紫，石面有火捺。宋坑石历史远久，是最早开采的端石坑口之一。直到后来还有可用的石材。

该砚沿用自元代以来就十分常见的文人画意"王羲之爱鹅"，砚面刻王羲之在楼台之上，神态自然；曲洞为砚池、小桥流水、浮鹅数尾在洞中。砚堂左右亭榭相映，四侧刻修禊人物图，覆手深凹，刻行书《兰亭序》。同样这也是一块观赏功能多过实用功能的文人砚台。

元明清砚台发展与制砚

元代入主中原后，知道了砚石是个宝物，便在端、歙各处驻兵专门守坑，律盗坑石就如同窃盗论罪。这客观上保护了砚石资源没有受到大的毁损。

总体而言，元代雕砚风格比较粗犷、浑朴自然。明初时开砚禁，开采时，质量之佳者、纹理之美者尽流入阉寺权要之手。

端溪石中唐代开采的龙岩，宋代开采的上、中、下岩已经不可以

明朝白石砚

用了，又在水岩开采，分为大西洞、小西洞、正洞和东洞。由于在水下，只是冬季浅水时不能开采。来时先抽水，洞小水寒，工人裸身在水内凿石，非常辛苦。

明代的砚端庄厚重，

纹饰也较古朴。除仍以端、歙石砚为人所宝重外，澄泥砚、瓷砚、漆砚、铜砚也有制作。另外，还有用木、铁作砚的。并且在砚上雕刻诗句、铭文，成为风气。

这些砚的制作，逐渐出现了脱离实用，走向工艺美术品的趋势。由此，砚台分为实用砚和赏玩砚。当然，也有一部分砚台既可使用又可把玩。

明清时期，端、歙更加讲求石质，雕刻花纹、造型式样等日渐丰富，并在砚上镌刻名人诗词、题识，同时也追求外装砚匣的装潢考究和华丽美观。

当时还出现了许多制砚名手，有王岫筠、汪复庆等。雕刻艺术上追求自然，出现了随形砚式，因材制砚，形式多样，致使明代砚从使用价值转化为艺术价值，达官贵人的附庸风雅、收藏砚台的风气大为流行。

由于文人、士大夫、艺术家的直接参与，亲自选材，亲自设计和制作，大大提高了明清砚石的质地与装饰。

张之洞（1837年—1909年），字孝达，号香涛、香岩，又号壹公、无竟居士，晚年自号抱冰。洋务派代表人物之一，其提出的"中学为体，西学为用"，是对洋务派和早期改良派基本纲领的一个总结和概括。张之洞与曾国藩、李鸿章、左宗棠并称"晚清四大名臣"。

清初乾隆朝重新整理，并大力开发砚石资源，所以乾隆朝所产的端砚质地、花纹，均优于以前任何一朝。清末张之洞总督两广，又行采取，所获既多，且为大件。

随着社会经济的发展，清代砚台的材料更加丰富多样，有端石、歙石、洮河石、澄泥、红丝石、砣矶石、菊花石，此外还有玉砚、玉杂石砚、漆沙砚、铁砚、瓷砚等，不下几十种材质。由于清代执政者重视始祖发祥地东北，所以在这时又大力推崇产于东北混同江的"松花石砚"，将其定为御砚。

清代砚的制作极注重雕刻，方法、题材同石雕、牙雕、玉雕也很类似。制砚工艺更为发达，砚材的品种，雕刻的技术，形式的精巧，以及砚匣的装潢，都有许多考究。

清代砚台同明代一样，也有重美观而不问实用的倾向，成了供欣赏的装饰品。特别是用一些不太发墨的材料如玉石、翡翠、水晶来制砚，美观性增强了，但实用性却大为降低。

■ 明代的紫檀嵌玉龙砚盒

明清时期是砚成为一种工艺美术品的重要历史阶段。这个时期，砚台从制砚工艺上讲，品种增多，有些不适于研磨的材料，如翡翠、象牙、料器也选作砚材，这纯属工艺美术上

的需要。

此外，所表现的内容亦渐广泛，世间万物无所不包，砚台的形制也一改前代的单纯实用，而按纹饰的要求而定，雕刻手法纤细工巧，古朴趋豪华，简单趋繁缛，越到后期越甚，极尽雕镂之能事。砚的实用性，完全被艺术性、欣赏性、陈设性所取代，达到材美工巧的追求境界。

明清石砚除以石质取胜外，还特别注重雕刻造型，式样繁多，蔚为大观。这时的砚式如鼎形、琴形、竹节、花樽、马蹄、新月、莲叶、古钱、灵芝、蟾蜍等，逞奇斗胜，各臻其妙。还有保存天然石质朴美，不假釜凿的天然砚。

文人学士也常在砚上题刻铭文，甚至镌刻肖像，使之不仅成为文房用器，也是价值很高的工艺品。

在清代，有一位有名的女制砚工匠，名为顾二娘。据古籍记载，顾二娘本姓邹，嫁到世代以治砚为业的顾家。

顾二娘的公公是顺治年间姑苏城里有名的制砚高手顾德麟，号称顾道人，他制砚技艺高超，镌镂精细，制砚作风"自然古雅"，在当时"名重于世"。

顾德麟去世后，制砚技艺传给了顾二娘的丈夫。可是她丈夫早逝，顾二娘便继承了制砚这门手艺。

黄任（1683年—1768年），字于莘，又字莘田，因喜藏砚，自号十砚老人、十砚翁。永福（即现在的福建永泰县）人。清代著名诗人、藏砚家。官广东四会知县，罢官归，船中所载唯砚石。归里后生活清苦。工诗，以轻清流丽为时人所称，七绝尤负盛名。著有《秋江集》《香草笺》。

■ 清代的龙纹圆池青玉砚

顾二娘心灵手巧，又肯刻苦钻研，很快掌握了制砚技艺，并且青出于蓝而胜于蓝，人们都亲切地叫她"顾亲娘"，称她制作的砚台为"老亲娘砚"。

顾二娘制砚有她特有的美学观，她常说："砚为一石琢成，必圆活而肥润，方见镌琢之妙。若呆板瘦硬，乃石之本来面目，琢磨何为？"她主张"效明代铸造宣德香炉之意"，追求高雅之美。因此，她制作的砚台"古雅而兼华美，当时实无其匹"。

顾二娘掌握一套特殊的本领，相传她能用脚尖点石，就能够辨识出砚石的好坏，因而人们又称她为"顾小足"。

顾二娘虽然是名重于世的制砚高手，但她从不肯粗制滥造，态度十分严谨，追求执着，"非端溪老坑佳石不奏刀"，"生平所制砚不及百方"，所以她制琢的砚台就更加珍贵了。

当时，书画家都以能获得顾二娘制作的砚台为荣。有位名叫黄任的书画家，嗜砚成癖，他罢官回老家时，将仅有的2000两银子买了10方古砚，并盖了座房子珍藏，取名为"十砚轩"，并自号为"十砚老人"。

黄任在端州做官时，曾得到一块好砚石料，为了找一位制琢砚台的高手，将石料在身边藏了10多年。后来打听到苏州有位制砚高手顾二娘，便从广西永福千里迢迢携石料赶到苏州。

顾二娘见十砚老人这样诚心，石料也的确是块好料，于是就高兴地为他制琢了一方精美的砚台。

十砚老人十分感激，当即写下一首题为《赠顾二娘》的诗，刻于砚背阴，其诗云：

> 一寸干将切紫泥，专诸门巷日初西。
> 如何轧轧鸣机手，割遍端州十里溪。

从此，两人结下了很深的交情。后来，顾二娘又为十砚老人制琢了仿明府青花砚等名砚。

顾二娘死后，书画家们纷纷作诗凭吊纪念。比如十砚老人诗云：

> 古款微凹积墨香，纤纤女手切干将。
> 谁倾几滴梨花雨，一洒泉台顾二娘。

明清时期制砚的材质更加丰富，除端石、歙石、洮河石、澄泥石、红丝石、砣矾石、菊花石外，还有玉砚、玉杂石砚、瓦砚、漆沙砚、铁砚、瓷砚等，共几十种。

文人砚，发于宋，兴于明清。元明两代，民间以砚台收藏著称的大家如项子京、董其昌等不可胜数。

在清代，藏砚之风普天皆兴。纪昀、刘墉等显赫要人，也热衷于集藏名砚。纪晓岚还编撰了《阅微草堂砚谱》。

此外，民间收藏大家也比比皆是，如沈石友将自藏之砚整理编撰出《沈氏砚林》等等。文人的参与，最终使明清砚台集观赏、研究、收藏于一身，成为精品砚的代名词。

随着历史的演进，后来我国砚产地增加了广东肇庆、安徽、甘肃、宁夏、山东、河南、河北等地为主，都具有砚石细腻、雕刻精美、发墨快、不损笔、不易干涸和易于洗涤等优点。

艺人们都是经验丰富，他们往往因材施艺，充分利用砚石的各种天然形态、色汗纹理、透明石眼，巧于雕成各式砚台，风格清隽高雅，堪称"文房之宝"。

阅读链接

顾二娘，我国清代女制砚工匠，本姓邹，嫁到以治砚为业的顾家，苏州人，生卒年不详，约活动于雍正至乾隆之际。顾二娘制砚，做工不多，以清新质朴取胜，虽有时也镂剔精细，但却秾纤合度、巧若神工。

顾二娘还善于巧妙地利用石纹的"眼"作为凤尾翎来镌刻砚的图案，收到良好的效果。故宫博物院中藏有顾二娘佳作。

明清山东十大名砚的特点

　　明清时期，我国除了四大名砚之外，还有山东的许多有名的砚台，被称为"十大名砚"。

　　齐鲁地区的石砚中质量最好、名气最大的，当推红丝砚。红丝石产于临朐冶黑山山顶石洞中，两地直线距离20余千米，产石色泽、质地极为相似，系同出一脉。

　　在明清时期，红丝砚的盛名更是如日中天。当时公认的四大名砚依次是红丝砚、端砚、歙砚、澄泥砚。明清文人墨客都很看重此石。

　　红丝石砚纹理是天然形成的，千姿百态，旋转圈丝几十重而不重叠，一砚一式绝少相同。有些还具有石眼、金线、紫筋和墨痕，纹彩多姿。

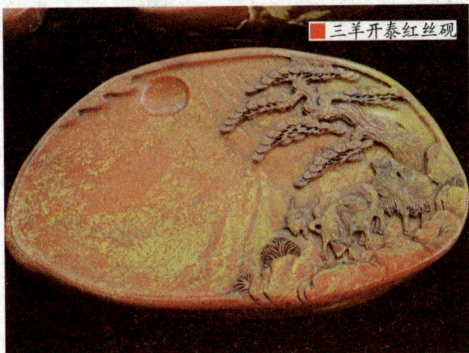

三羊开泰红丝砚

　　石质细腻、致密而坚

实，手拭如膏，质坚且细润，叩之其声清脆，用它制成的砚台不渍墨，发墨如油，墨色如漆，不损笔毫，贮水不耗，覆之以匣，墨色数日不干。

淄砚又称金星砚，因产于山东淄博的淄川而得名，在历史上也称作淄川砚、淄州砚或淄石砚。

淄砚中较名贵者有金雀山的韫玉、金星、淄川梓桐山青金石3种。韫玉、金星产于博山北庵上村的"淄砚石坑"，后因得石极难而荒废。

新石多采自地表，与过去自洞内所采砚石差异颇多，已无多采者。淄川梓桐山青金石，此砚初用料于罗村紧邻的对松山石，后顺石脉查寻，延于罗村东北1千米处的洞子沟，自清代之后不断有砚石开采。

金星石上有金星布列，以其制成的石砚似无月天空繁星点缀，故称"金星砚"。因其产地临沂是东晋书圣王羲之的故乡琅琊郡，故名"羲之石"，亦称"羲之乡砚"。又因王羲之在当时曾官至"右军将军"，有"王右军"之称，于是"羲之砚"及他所用的其他砚台均称"右军砚"。

又因临沂为古琅琊郡，又被称为"琅琊砚"。无疑，王羲之本人特别酷爱金星石砚。唐代大书法家颜真卿出任平原太守时，亦曾搜寻这种石砚。

该石质细温柔如玉，着手生润，握之如脂，滴水

金雀山 位于山东省临沂城南隅的金雀山，位于银雀山之东，沂河之西部，青龙河绕西部山脚而过。是古城临沂之门户，和银雀山成掎角之势拱卫着临沂城。山体由石灰岩、紫色页岩构成，海拔只有88米。两山岗东西对峙，因盛开金黄色、银白色两种草花得名。

不干，寒不结冰，磨墨无声，叩之有声，研墨颇利，墨汁泛光，毫不损毛。即使在酷暑炎热中墨汁也不易干涸。

燕子石又名"蝙蝠石"，产于莱芜和沂蒙，以前者质地更好。燕子石制砚已有悠久的历史。明、清时代即有此工艺，称燕石砚为"多福砚""鸿福砚"。

燕子石是5亿年前三叶虫形成的化石。因三叶虫的形状似燕，又像蝙蝠而得名。由于特定的地理条件，三叶虫保持了生命最后一瞬间的美好姿态，镶嵌在黄绿沉积岩里，似燕竞飞，跃然纷呈。

所以，它不仅是研究地球演变史和生物进化史的宝贵实物资料，而且温润如玉，色泽光洁，耐磨下墨，自然古朴，独具天趣，具有很高的实用价值与观赏价值。用燕子石制作的燕子石砚，保潮耐涸，易于发墨。

徐公石产于王羲之的故乡临沂徐公店砚台沟，用它制成的砚台称"徐公石砚"或"徐公砚"。徐公石呈石饼状，直径大者尺余，小者二三寸，厚约三四寸，颜色多种多样，有蟹盖青、鳝鱼黄、沉绿、生褐、绀青、橘红、茶叶末色等。砚材有石乳状、纵横交错、变幻无穷的石纹。

徐公石每块都是天然独立成型的，由于亿万年地下水的冲刷，它的四周形成了

太守 古代官名，又尊称府尊，亦称黄堂。宋代至清代地方行政区域"府"的最高长官。唐代以建都之地为府，以府尹为行政长官。宋代升大郡为府，以朝臣充当各府长官，明代以知府为正式官名，为府的行政长官，管辖所属州县。又尊称太守、府尊，亦称黄堂。

■山东燕子石

文房四宝

纸笔墨砚及文化内涵

优美的横竖纹理。所以砚工在制砚时都尽量保持它天然的形状，稍加雕琢而成。

每方徐公砚的四周都可见到亿万年风化水蚀的纹理，使人感受到沧桑的巨变。因此，自然天成乃羲之砚的最大特点、最大优势，人们称之为"天下自然第一砚"。

尼山砚，因产于曲阜东南约30千米的孔子诞生地尼山而得名。以尼山石制砚，清乾隆年间已有记载。尼山砚石，呈蓝灰、土黄、姜黄色，属泥质石灰岩，石质精腻，抚之生润，上有疏密不匀的青黑色松花纹。制成砚台，下墨利，发墨好，久用不乏。

尼山石制砚，佳石难得。尼山虽为石山，但只有深层的橘黄色石，坚细温润，不渗水，不渍墨，发墨有光，才可制砚。所以，到乾隆年间尼山砚已"近无用者"。

砣矶砚，又名登石砚、雪浪金星砚，金星雪浪砚。砚石产于砣矶岛磨石嘴村西北部悬崖下的山泉水眼处。砣矶岛原名鼍矶岛、驼基岛，位于山东蓬莱北

■ 明荷鱼朱砂澄泥砚

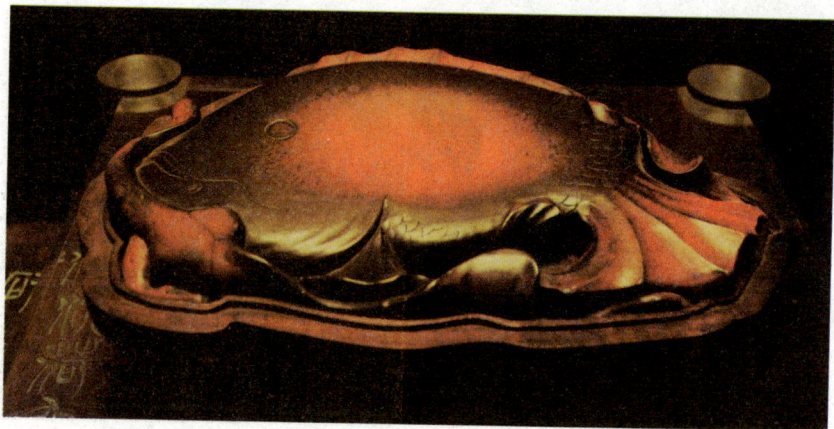

清代双龙砚

长山列岛中。

砣矶砚始已有1000多年历史。自砚问世以来，就被收藏家视为瑰宝，只因采石艰难，存世不多。明清佚名所著的《砚品》中记载：

> 宋时即以鼍矶石琢以为砚，色青黑，质坚细，下墨甚利，其有金星雪浪纹者最佳，极不易得。

砣矶石含有微量自然铜，如金屑撒石上，闪耀发光，即所谓金星。石的母体黑中略呈绀青、灰绿色，加工雕刻成砚后，其色泽如漆，群星闪闪，宛如无月星空，有各种不同的雪浪纹，小如秋水微波，大如雪浪滚滚。

紫金石砚出自山东临朐，清代乾隆皇帝在紫金石太平有象砚上御题，原文是：

> 紫金石临朐产，起墨益毫，略次端歙，刻作太平，称有象斯之，未信敢心宽。

乾隆把此砚列在钦定西清砚谱卷二十三，足见乾隆对紫金砚的钟爱。宋代学者唐询在他所著的《砚谱》中记载：

紫金石砚最下层者润泽，发墨不殊端、歙砚。

传世之物有一方元大都遗址中出土的紫金石砚，色泽为紫，有宋代书法家米芾所写的铭文，题曰：

此琅野紫金石制，诺石之上，皆以为端，非也。无章。

《砚谱》中又说："青州紫金石，状类端州西坑石，发墨过之。"可见这是一种与端溪名坑相近的佳石。

田横砚已有500年的历史，据清代《即墨县志》称：

田横石质坚，色黑如墨，少有文彩，偶见金星。以其制砚，下墨颇利。

田横岛即汉初齐国五百壮士殉身处。岛在即墨东50千米的海中，距陆地十余华里。上产砚石制砚，名田横砚。

阅读链接

清末民间制成的田横石砚多为长方形，砚额刻有梅、莲等浮雕，也有无雕饰的"墨海"等。砚石产于岛西南隅近海处，没于海底下层称水岩，石质温润不干燥，质密色黑，也有带金星的，映日可见，下墨颇利，发墨有光，制砚甚实用。

柘砚产地在山东泗水西北柘沟镇，柘沟河经此南流注入泗水，当地产赤土，用以制砚，故名"柘砚"。柘砚在宋代已很著名。有些刻有鲁柘砚铭文的澄泥砚，也是当地的产品。

中华精神家园书系

古迹奇观
玉宇琼楼：分布全国的古建筑群
城楼古景：雄伟壮丽的古代城楼
历史开关：千年古城墙与古城门
长城纵览：古代浩大的防御工程
长城雄关：万里长城的著名关卡
雄关漫道：北方的著名古代关隘
千古要塞：南方的著名古代关隘
桥的国度：穿越古今的著名桥梁
古桥天姿：千姿百态的古桥艺术
水利古貌：古代水利工程与遗迹

西部沃土
古朴秦川：三秦文化特色与形态
龙兴之地：汉水文化特色与形态
塞外江南：陇右文化特色与形态
人类敦煌：敦煌文化特色与形态
巴山风情：巴渝文化特色与形态
天府之国：蜀文化的特色与形态
黔风贵韵：黔贵文化特色与形态
七彩云南：滇云文化特色与形态
八桂山水：八桂文化特色与形态
草原牧歌：草原文化特色与形态

节庆习俗
普天同庆：春节习俗与文化内涵
张灯结彩：元宵习俗与彩灯文化
寄托哀思：清明祭礼与寒食习俗
粽情端午：端午节与赛龙舟习俗
浪漫佳期：七夕节俗与妇女乞巧
花好月圆：中秋节俗与赏月之风
九九踏秋：重阳节俗与登高赏菊
千秋佳节：传统节日与文化内涵
民族盛典：少数民族节日与内涵
百姓聚欢：庙会活动与赶集习俗

国风美术
丹青史话：绘画历史演变与内涵
国画风采：绘画方法体系与类别
独特画派：著名绘画流派与特色
国画瑰宝：传世名画的绝色魅力
国风长卷：传世名画的大美风采
艺术之根：民间剪纸与民间年画
影视鼻祖：民间皮影戏与木偶戏
国粹书法：书法历史与艺术内涵
翰墨飘香：著名书法名作与艺术
行书天下：著名行书精品与艺术

山水灵性
母亲之河：黄河文明与历史渊源
中华巨龙：长江文明与历史渊源
江河之美：著名江河的文化源流
水韵雅趣：湖泊泉瀑与历史文化
东岳西岳：泰山华山与历史文化
五岳名山：恒山衡山嵩山的文化
三山美名：三山美景与历史文化
佛教名山：佛教名山的文化流芳
道教名山：道教名山的文化流芳
天下奇山：名山奇迹与文化内涵

东部风情
燕赵悲歌：燕赵文化特色与形态
齐鲁儒风：齐鲁文化特色与形态
吴越人家：吴越文化特色与形态
两淮之风：两淮文化特色与形态
八闽魅力：福建文化特色与形态
客家风采：客家文化特色与形态
岭南灵秀：岭南文化特色与形态
潮汕之根：潮州文化特色与形态
滨海风光：琼州文化特色与形态
宝岛台湾：台湾文化特色与形态

民风根源
血缘脉系：家族家谱与家庭文化
万姓之根：姓氏与名字号及称谓
生之由来：生肖生肖与寿诞礼俗
婚事礼俗：嫁娶礼俗与结婚喜庆
人生遵征：人生处世与礼俗文化
幸福美满：福禄寿喜与五福临门
礼仪之邦：古代礼制与礼仪文化
祭祀庆典：传统祭典与祭祀礼仪
山水相依：依山傍水的居住文化

汉语之魂
汉语源流：汉字汉语与文章体类
文学经典：文学评论与作品选集
古老哲学：哲学流派与经典著作
史册汗青：历史典籍与文化内涵
统御之道：政论专著与文化内涵
兵家韬略：兵法谋略与文化内涵
文苑集成：古代文献与经典专著
经传宝典：古代经传与文化内涵
曲苑音坛：曲艺说唱项目与艺术
曲艺奇葩：曲艺伴奏项目与艺术

自然遗产
天地厚礼：中国的世界自然遗产
地理恩赐：地质蕴含之美与价值
绝美景色：国家综合自然风景区
地质奇观：国家自然地质风景区
无限美景：国家自然山水风景区
自然名胜：国家自然名胜风景区
天然生态：国家综合自然保护区
动物乐园：国家动物自然保护区
植物王国：国家保护的野生植物
森林景观：国家森林公园大博览

中部之魂
三晋大地：三晋文化特色与形态
华夏之中：中原文化特色与形态
陈楚风韵：陈楚文化特色与形态
地方显学：徽州文化特色与形态
形胜之区：江西文化特色与形态
淳朴湖湘：湖湘文化特色与形态
神秘湘西：湘西文化特色与形态
瑰丽楚地：荆楚文化特色与形态
秦淮画卷：秦淮文化特色与形态
冰雪关东：关东文化特色与形态

衣食天下
衣冠楚楚：服装艺术与文化内涵
凤冠霞帔：佩饰艺术与文化内涵
丝绸锦缎：古代纺织精品与布艺
绣美中华：刺绣文化与四大名绣
以食为天：饮食历史与筷子文化
美食中国：八大菜系与文化内涵
中国酒道：酒历史酒文化的特色
酒香千年：酿酒遗址与传统名酒
茶道风雅：茶历史茶文化的特色

博大文学
神话魅力：神话传说与文化内涵
民间相传：民间传说与文化内涵
英雄赞歌：四大英雄史诗与内涵
灿烂散文：散文历史与艺术特色
诗的国度：诗的历史与艺术特色
词苑漫步：词的历史与艺术特色
散曲奇葩：散曲历史与艺术特色
小说源流：小说历史与艺术特色
小说经典：著名古典小说的魅力

歌舞共娱

古乐流芳：古代音乐历史与文化
钧天广乐：古代十大名曲与内涵
八音古乐：古代乐器与演奏艺术
鸾歌凤舞：古代大曲历史与艺术
妙舞长空：舞蹈历史与文化内涵
体育古项：体育运动与古老项目
民俗娱乐：民俗运动与古老项目
刀光剑影：器械武术种类与文化
快乐游艺：古老游艺与文化内涵
开心棋牌：棋牌文化与古老项目

科技回眸

创始发明：四大发明与历史价值
科技首创：万物探索与发明发现
天文回望：天文历史与天文科技
万年历法：古代历法与岁时文化
地理探究：地学历史与地理科技
数学史鉴：数学历史与数学成就
物理源流：物理历史与物理科技
化学历程：化学历史与化学科技
农学春秋：农学历史与农业科技
生物寻古：生物历史与生物科技

文化标记

龙凤图腾：龙凤崇拜与舞龙舞狮
吉祥如意：吉祥物品与文化内涵
花中四君：梅兰竹菊与文化内涵
草木有情：草木美誉与文化象征
雕塑之韵：雕塑历史与艺术内涵
壁画遗韵：古代壁画与古墓丹青
雕刻精工：竹木骨牙角匏与工艺
百年老号：百年企业与文化传统
特色之乡：文化之乡与文化内涵

杰出人物

文韬武略：杰出帝王与励精图治
千古忠良：千古贤臣与爱国爱民
将帅传奇：将帅风云与文韬武略
思想宗师：先贤思想与智慧精华
科学鼻祖：科学精英与求索发现
发明巨匠：发明天工与创造英才
文坛泰斗：文学大家与传世经典
诗神巨星：天才诗人与妙笔华篇
画界巨擘：绘画名家与绝代精品
艺术大家：艺术大师与杰出之作

戏苑杂谈

梨园春秋：中国戏曲历史与文化
古戏经典：四大古典悲剧与喜剧
关东曲蔬：东北戏曲种类与艺术
京津大戏：北京与天津戏曲艺术
燕赵戏苑：河北戏曲种类与艺术
三秦戏苑：陕西戏曲种类与艺术
齐鲁戏台：山东戏曲种类与艺术
中原曲苑：河南戏曲种类与艺术
江淮戏话：安徽戏曲种类与艺术

千秋教化

教育之本：历代官学与民风教化
文武科举：科举历史与选拔制度
教化于民：太学文化与私塾文化
官学盛况：国子监与学宫的教育
朗朗书院：书院文化与教育特色
君子之学：琴棋书画与六艺课目
启蒙经典：家教蒙学与文化内涵
文房四宝：纸笔墨砚及文化内涵
刻印时代：古籍历史与文化内涵
金石之光：篆刻艺术与印章碑石

悠久历史

古往今来：历代更替与王朝千秋
天下一统：历代统一与行动韬略
太平盛世：历代盛世与开明之治
变法图强：历代变法与图强革新
古代外交：历代外交与文化交流
选贤任能：历代官制与选拔制度
法治天下：历代法制与公正严明
古代税赋：历代赋税与劳役制度
三农史志：历代农业与土地制度
古代户籍：历代区划与户籍制度

信仰之光

儒学根源：儒学历史与文化内涵
文化主体：天人合一的思想内涵
处世之道：传统儒家的修行法宝
上善若水：道教历史与道教文化

梨园谱系

苏沪大戏：江苏上海戏曲与艺术
钱塘戏话：浙江戏曲种类与艺术
荆楚戏台：湖北戏曲种类与艺术
潇湘梨园：湖南戏曲种类与艺术
滇黔好戏：云南贵州戏曲与艺术
八桂梨园：广西戏曲种类与艺术
闽台戏苑：福建戏曲种类与艺术
粤琼戏话：广东戏曲种类与艺术
赣江好戏：江西戏曲种类与艺术

传统美德

君子之为：修身齐家治国平天下
刚健有为：自强不息与勇毅力行
仁爱孝悌：传统美德的集中体现
谦和好礼：为人处世的美好情操
诚信知报：质朴道德的重要表现
精忠报国：民族精神的巨大力量
克己奉公：强烈使命感和责任感
见利思义：崇高人格的光辉写照
勤俭廉政：民族的共同价值取向
笃实宽厚：宽厚品德的生活体现

历史长河

兵器阵法：历代军事与兵器阵法
战事演义：历代战争与著名战役
货币历程：历代货币与钱币形式
金融形态：历代金融与货币流通
交通巡礼：历代交通与水陆运输
商贸纵观：历代商业与市场经济
印纺工业：历代纺织与印染工艺
古老行业：三百六十行由来发展
养殖史话：古代畜牧与古代渔业
种植细说：古代栽培与古代园艺

强健之源

中国功夫：中华武术历史与文化
南拳北腿：武术种类与文化内涵
少林传奇：少林功夫历史与文化